非常商道

石子义 /著

商道即人道——为人之道，商业的本质必然从做人开始，在商业中如何做人，在做人中如何经商，从商与做人两者之间如何相互关联及影响，这是本书着重阐述的道理，也是作者从他丰富的人生经历、商业经历中得出的商业感悟汇总。书中的所有内容，都经过作者深入思考而得，大部分来自切身体会，有的甚至是因为犯错付出重大经济代价而得到的人生教训，这些内容涉及经营心得、为人处世、自身修为等方面。本书以简洁明快的语言，帮助企业家和商业人士淬炼出终身受益的底层商业知识，因为只有参透商业的真相，才能让企业活得越久，才能让商场中人攀上成功的高峰。

图书在版编目（CIP）数据

非常商道 / 石子义著. ——北京：机械工业出版社，2022.12
ISBN 978-7-111-72125-3

Ⅰ.①非… Ⅱ.①石… Ⅲ.①商业经营 Ⅳ.① F713

中国版本图书馆 CIP 数据核字（2022）第 224987 号

机械工业出版社（北京市百万庄大街22号　邮政编码100037）
策划编辑：曹雅君　　　　　　责任编辑：曹雅君
责任校对：薄萌钰　李　婷　　责任印制：任维东

北京圣夫亚美印刷有限公司印刷

2023年1月第1版第1次印刷
170mm×230mm · 14.75印张 · 1插页 · 187千字
标准书号：ISBN 978-7-111-72125-3
定价：68.00元

电话服务　　　　　　　　　　网络服务
客服电话：010-88361066　　　机　工　官　网：www.cmpbook.com
　　　　　010-88379833　　　机　工　官　博：weibo.com/cmp1952
　　　　　010-68326294　　　金　书　网：www.golden-book.com
封底无防伪标均为盗版　　　　机工教育服务网：www.cmpedu.com

序

不知从何时起,焦虑,已经成了一种社会病。

焦虑,是需要理由的。如果没有理由,人不可能焦虑。

升学、就业、升职、还贷、经营,甚至生存的压力让陷入焦虑的人越来越多。有些人解决问题的方式也越来越简单粗暴:有的人自怨自艾、消极沉沦,仿佛一眼就能看到头的人生糟糕透顶,索性"躺平"或"宅";有的人怨天尤人,常年被负面情绪笼罩的人能挑出除自己以外所有人的刺,唯独看不到自己,这类人成了"坊间评论员"或"键盘侠",难有成就;有的人失落沮丧,前路茫茫,而自己始终找不到翻山越岭抵达坦途的路径,一腔意气无处发,患上了今天的流行病——"抑郁症"……

中国有五千年的文明,有延续几千年的思维模式和生存方式,但是,在改革开放的四十多年中,特别是在迈入网络时代的二十多年中,我们进入了快时代,事件快速发生、发酵、结束,有些人还没反应过来,事情已经尘埃落定。显然,我们生活在人类历史中最快速的时代,而那些善于借鉴的人在历史中却没找到可以参考的时期。

因此,无措。

的确,这是一个全新的时代。

想要自如地生活在这个时代,你需要拥有顺应这个时代发展的思维水平。

我也曾是焦虑综合征中的一员。

2020年上半年是全世界对破解新冠肺炎病毒充满未知、充满恐惧的时期，也是我这一生中最焦虑的时候。当时的我，已经减少了放在教育界的精力，正投身商场，跟很多经营者一样，我面临着员工不能到岗、连锁门店无法营业、企业无法正常运营的问题，更不要提拓展业务了。当时的我，经营着一个经过多项评估被认为是朝阳的项目，经过前几年的积淀，正常来讲，2020年应该是开始收获的一年。但是，很遗憾没有达到预期目标。

企业没有收入，但办公室租金、人工费用却不能不支出。这在当时是一笔不小的负担。有朋友曾劝解：现在公司没收入，可以跟员工们商量一下，停薪留职几个月，等经营恢复了再补偿大家。我想：员工也要吃饭、也要养家糊口，大家都难，只要我能挺过去，就不让大家为难。

那段艰难的时期，我整宿睡不着，想想父母妻女，想想公司那么多号人，再想想两年努力现今"瘫"在各地的项目，这重担简直如千斤压顶，让我完全透不过气来。每天晚上，我都要饮几杯高度酒，希望能痛痛快快地睡着。我亦曾在醉后向妻子痛哭：我想做一只猪，我羡慕那些只需吃和睡、不用考虑问题的猪。

酒精解决不了我的问题，在特殊时期甚至连帮助睡眠都做不到。

无法摆脱，没有人能替我面对。

在睡不着的日子里，我开始静下心来思考问题。我很清醒，在我什么都不做的情况下，绝对不会一觉醒来产生奇迹。该如何解决当下的困局？

我打开手机通讯录，开始跟大家联络，交流各自的情形。闲暇时就下厨为妻女做各种美味的食物来减压，朋友们的各种信息反馈越来越丰富，我家餐桌上的食物种类也越来越丰富——煲仔饭、烤羊排、红烧牛肉、青椒炒鸡蛋、卤牛肉等。我们家的氛围越来越好，而我，也找到了新的希望——回归教育行业。

为了突破困局，在当时充满未知的时期，妻子隔三岔五心惊胆战地送我出行——这一年，我的出差频率创出此生以来之最高，一年飞行次数超出五十次。

各种未知挑战远未结束，但我在逆风中又重新在教育行业立住了脚跟。最令大家开心的是——我的员工们实现了加薪。

现读到子义兄的这本《非常商道》，内心很有感触——许是因为经过事儿的人，感触会更深。

前面提到了当今时代是一个快时代。但这个快，不代表不需要思考。焦虑，伤心伤身，甚至伤害身边的人；焦虑过后，静心思考，找到可行的解决办法，才可逆转结果。

子义兄的这本《非常商道》中，有古代思想家的古言化今，古今结合，古人几千年的哲学思想精粹，亦有适用于快时代的思维方法；还有子义兄自己作为一位极有成就的奋斗者几十年来积累的人生经验、处事准则。

前人栽树，后人乘凉。

读万卷书，行万里路。改变自己，精进人生。

如今这个时期不太适合行万里路，那就多读书吧。快时代的人，不要丢下"多读书，读好书"的优良传统。

《非常商道》，微言大义，让快时代的人能够站在成功人士的肩膀上，学到作者作为一个成功的奋斗者用丰富的人生经验为你甄选的、适合这个快时代的处世哲学。让大家少走弯路，是一件省时省力的事，亦是一种幸福。

与子义兄相识逾六载，他总是不时地给我们带来惊喜——他是一位在行业领域内取得了非凡成就的成功企业家，又同时涉足诗歌、作词、书法、电视出品领域，均斩获颇丰。现在，他将自己几十年来积累的人生经验，分享给大家，这是一种奉献，亦是一种境界。

杨一波
管理学副教授
北大金秋控股集团董事长
北大金秋教育发展研究院创始院长

自 序

经商其实是一场人生修炼

《非常商道》即将出版，这是一本凝聚了我二十多年从商经历，从中所感所悟所得的书籍。借本书的出版，希望与广大读者交流我对为商之道的一些思考，一些心得。

关于为商之道，人们普遍理解为商业的经营之道，其涉及范畴限于商业活动之中。而以我的个人感悟，商业之道绝非仅局限于商业活动之中，还应涉及为人处世、自身修养等方面，其中的学问甚至涉及哲学、文学、社会学、经济学、心理学、伦理学、军事学等领域。所以，在我的理解里，成功的商业绝非来源于普遍意义上的经营之道，而是来源于综合的商业修养——除了普遍意义上的经营之道，还包括为人处世、自身修养等在内的多维度综合修养。换言之，在我看来，经商其实是一场人生修炼。

正是基于以上对为商之道的理解，所以本书命名为"非常商道"，旨在与普通意义上的商道区别开来。至于书籍的内容上，自然也与普通意义上的商道大有不同，要从人生修炼的角度去看待商业之道。

本书内容均经我深入思考而得，大部分来自切身体会，有的甚至是以付出巨大代价而得到的人生教训。所以，从某种意义上来说，称之是心血之作并不为过。全书分三篇，分别是"经营心得篇""为人处世篇""自身修为篇"。

在创作方式上，本书的内容均采用语录体体裁，归纳成简明扼要的商业感悟，且每一条都以先写成文言文再翻译成现代文的方式呈现。之所以采取这种"古文今译"的创作方式，一方面是出于自己对文言文的偏爱，在我看来，文言文精练而经典，别有一种古韵的意境；另一方面，这种创作方式也显得独特，会给读者带来一种不一样的阅读体验。

商业之道，博大精深，本书纵自诩心血之作，也仅涉及皮毛，得之尚少、尚浅，希望我的这些商业感悟能给予读者一些启迪或参考，更希望得到各大方家指教，斧正！

以上所述，权为自序！

石子义

目 录

序
自序

经营心得篇

商业之道，利义取舍。/ 002
做人如地基，生意似楼阁！/ 003
利人利己小买卖，利国利民大生意。/ 004
领导三大失误，犯之易出大事。/ 005
人生三大忌，避之可成事。/ 006
用我非有，大事可图。/ 007
侠之大者为国为民，商之大者利于天下。/ 008
愚者怕艰难，智者用艰难。/ 009
礼义廉耻，国之四维。/ 010

担当毅力，甚于才德。/ 012
领导四得，而后能成。/ 013
成功之道，本末何在？/ 014
用人三要，揽育励之！/ 016
高估自己，危害尤大。/ 017
三不可取，取必败局。/ 018
但有施展，建功立业。/ 019
融通四海，信和二字。/ 020
为人一世，心怀苍生。/ 021
志于沧海，不计一瓢。/ 022
天下大事，三得可就！/ 023

消耗信用，遑论成功。/ 024
一事无成，败于计划。/ 025
勇担任务，成就人生。/ 026
刘备哭髀肉，我羞肚腩生。/ 027
团队建设，三除三重！/ 028
领导操守，克己奉公。/ 029
识人第一，察其血性。/ 030
娇气之人，万不可用。/ 031
渴望如火，淡然似水。/ 032
不患无人才，患己德才微。/ 033
大功大业，任人理事。/ 034
自知而后谋人，知事而后任人。/ 035
智者善谋，不如当时！/ 036
降任降难，反行其道！/ 038
天何言哉？循道而行！/ 039
财上平如水，人中直似衡。/ 040
天下之利，众生之福。/ 041
应厚德载物，勿急于求成。/ 042
此心不动，随机而动。/ 044

财为缘来，四缘成财。/ 046
春华秋实，勤恳耕耘。/ 048
舍易择难，甘之如饴。/ 049
兴衰成败，时势使然。/ 050
宁与君子安贫，不与小人谋利。/ 051
必死之心求生，必败之心求胜。/ 052
量力而行，量德而行。/ 053
天下之智者，敢为天下先。/ 054
能干但奸猾，万不可用之。/ 055
仁德行计，以势败敌。/ 056
万物可无，三有须具！/ 057
自利成人，利他成己！/ 058
勉而为之，对牛弹琴！/ 059
事情成败，关键看人。/ 060
人生真力量，智仁勇是也。/ 061
善攻善守，虚实之用。/ 062
从商应有林泉志，居官宜怀田园心。/ 063

为人处世篇

回眸深思，智德合一。/ 066
真豪杰寂寞，非常人可解。/ 068
情义基于信任，治学安于无名。/ 069
人生之成功，天地人三得。/ 070
君子雅量，小人贪婪。/ 071
识人识言，可免祸患。/ 072
元亨利贞，行事准则。/ 073
勿以褒扬而为之，勿以诽谤而不为。/ 074
贪婪多失，淡泊得之。/ 075
安徐正静，大事易图。/ 076
一颗热心，一双冷眼。/ 077
成人达己，小气误事。/ 078
人心难测，信疑难决。/ 080
人生之障，自我设置。/ 082
成王败寇，有所谬误。/ 083
看富有如贫，待卑微似尊。/ 084
观天下书，阅世间人。/ 085
人心如原草，四人务识别。/ 086
君子志气，隐而慎发。/ 088

无声无息，雷霆万钧。/ 089
戒急用缓，顺逆不惊。/ 090
克己恕人，修炼大端。/ 091
富贵之本，贫贱之根。/ 092
凤凰之鸣，雄狮之出。/ 093
处穷不过俭，处富勿太奢。/ 094
退而思进，天下莫阻。/ 095
为人无多方，和善则足矣。/ 096
天下学问，天道人心。/ 097
常怀愉悦之心，此是福气之门。/ 098
行天下之志，有花月之闲。/ 099
合道则有，背道则空。/ 100
人生三大恩，知恩要图报。/ 101
人生两难处，做人之大端。/ 102
事勿多虑，至诚而已。/ 103
守愚而乐，斯近道矣。/ 104
天下之事，静心度之。/ 105
一傲一怨，人生毒药。/ 106
真假好汉，大事考验。/ 107

天顺人和，立身无忧。/ 108

取吾所有，分毫莫贪。/ 109

功而弗居，衰荣相随。/ 110

人际三鉴，原形毕露。/ 111

疑人源于疑己，信己方可信人。/ 112

择交以品，来去从容。/ 113

战战兢兢，善始善终！/ 114

浓烈厚重多反复，人间有味是清欢。/ 115

患无所予，士以弘毅。/ 116

立天下之大志，交天下之豪杰。/ 117

不患无所知，患行而不当。/ 118

取信不易，坚毅守之。/ 119

市恩图报，仅次负义。/ 120

君子小人，爱有所别。/ 121

慎始善终，临事三思。/ 122

立身三字，清慎勤也。/ 123

交友之道，无欲为上。/ 124

戒除贪婪，自得安乐。/ 125

求予之间，做人得失。/ 126

人生三怕，时时自醒。/ 127

自身修为篇

读书明理，君子之修。/ 130

忘怨记恩，稍可免俗！/ 131

心兴则兴，心衰则衰。/ 132

世之君子，志安天下。/ 133

用心二字，君子用之。/ 134

举凡大人物，必有大担当。/ 135

善恶自受，莫问知否。/ 136

才不足恃，德量为高。/ 137

破山中贼易，破心中贼难。/ 138

穷弱富通，识人之要。/ 140

心地坦荡，气机和畅！/ 141
思能无邪，言行无碍。/ 142
人生三戒，君子三修。/ 143
守住土气，弃之乖巧。/ 144
智者无心，悟真之得。/ 145
人生富有，人品高贵。/ 146
五者成仁，仁者无敌。/ 147
勤苦不再，人生堪忧。/ 148
戒贪忏悔，终身受用。/ 149
积德在先，纳福在后！/ 150
世路无坎坷，皆为成就人。/ 152
苦乐相依，深浅互赖。/ 153
和气致祥，不假外求。/ 154
人生修炼，有无二字。/ 155
人生大惑，执悟而迷。/ 156
观人自观，修行之道。/ 157
心术无罪，言行无愧。/ 158
君子九知，能有所为。/ 159
君子十忌，自省自修。/ 160
激励不缺，思过勿悻。/ 162
君子三畏，不失君子。/ 163
孟子四心，世多难及。/ 164
正心立纪，大事可图。/ 165
不求万事如意，但能平常就好。/ 166

心灯如豆，长须呵护。/ 167
顺道努力，事有天助。/ 168
生命本身，自有高贵。/ 170
忍不如恕，恕不如空。/ 171
顺逆在心，强弱之节。/ 172
人生真谛，朴素自然。/ 173
静心之法，无私无欲。/ 174
持身恭敬，莫敢怠慢。/ 175
天下之事，怕也不怕？/ 176
学古人修身，吾愧不能及。/ 177
做大丈夫，睥睨天下。/ 178
大才谦谦，小才倨倨！/ 179
人生挣扎，道欲之间。/ 180
涵养之道，首在包容。/ 181
人生最贵，赤子之心。/ 182
宁静致远，淡泊为本。/ 183
君子之操，贵在自持。/ 184
最乐藏最苦，最苦寓最乐。/ 185
胸有丘壑，气象万千。/ 186
格物致知，得真学问。/ 187
学如不及，犹恐失之。/ 188
人而无愿，不知其可。/ 189
遭妒始见能，寡识而大成。/ 190
见人面色，如己照镜。/ 191

心意二字，万物所在。/ 192
宁人负我，我不负人。/ 193
真者不改，心意赤诚！/ 194
外表易饰，内心难安。/ 195
物换星移，初心莫忘。/ 196
悦人悦己，大道修矣。/ 197
志向宏远，趣味不俗。/ 198
志大修身，以此自警。/ 199
三不三寿，各得其所。/ 200
施恩莫图报，怀怨别帮人。/ 201
逝者如斯，谁为去留？/ 202
可求而不可恃，智者以之为戒。/ 203
与其谄媚而有得，莫如清高而有损。/ 204
莫好为人师，勿责难于人。/ 205
恻隐之心，厚道本源。/ 206
文失于德，不足为观。/ 207

沉毅力行，见贤思齐。/ 208
治嗔之法，首倡包容。/ 209
君子九思，吾有不足。/ 210
人生可恃，唯有一勤。/ 211
红尘斑斓，素心若雪。/ 212
但问修身，莫怨贫穷。/ 213
溯源求清，人如泉乎？/ 214
心正气和，契于妙境。/ 215
深知事物，阴阳俱涉。/ 216
学富五车，不值一文。/ 217
学易三点，学以致用。/ 218
道以人异，看其悟性。/ 219
治学之道，三心一意。/ 220
天下至乐，读书之乐。/ 221
仁者长寿，气质量言。/ 222

非常商道

经营
心得篇

商业之道，利义取舍。

商业之道非奇玄，利义取舍一念间。
又思经商忌盈满，财来财去人自闲。

为商之道，取法乎上者为求义，其下为逐利。天下熙熙皆为利来，天下攘攘皆为利往，是众人皆不得其法，而舍本逐末也！

商道即人道，人道之基于德；商道即天道，天道之忌于盈。持德而行，义布四海，戒盈而守，智通人心。行守有度，则可为商中之豪杰！

释义

商业之道并没什么奇妙和玄奥的，只是在于利益和仁义上的取舍，一向忌讳太盈满，不管财富来来去去，人都活得悠闲。

为商之道，上等的方法是在商业中讲仁义，下等的方法是直接追逐利益。有的人为了利益而来，奔着利益而去，这是因为他们没有掌握高明的经商之道，从而舍本逐末！

经商之道，其实也是做人之道。做人之道的根本在于讲道德；经商之道其实也有规律，最忌讳的就是过于盈满。在经商中，秉持着道德规范去行动，让仁义广布四海，避免过于盈满来守业，聪明的做法就会深得人心。将开创事业和守业把握得恰到好处，就可以成为商业豪杰了！

做人如地基，生意似楼阁！

凡从商者，莫不欲生意兴隆又经久不衰。而以吾所见所闻，凡生意兴隆又经久不衰者，莫不先十分成功于做人。吾未曾听闻，有做人失败却能生意兴隆又经久不衰者。

做人如地基，生意似楼阁！地基不牢固，楼阁何安稳？做人有其道，从商有其道。道道不离其本，本者厚道为主也。

凡是经商的人，无不希望做到生意兴隆又长盛不衰。而以我的所见所闻，凡是做到了生意兴隆又长盛不衰的人，无一不是先在做人方面十分成功。我未曾听说有做人失败却能够做到生意兴隆又长盛不衰的人。

做人就好像打地基，做生意就好像建楼阁！如果地基不牢固，那么楼阁怎么能够安稳呢？做人有做人的方法，做生意有做生意的方法。做人的方法和做生意的方法，都离不开其根本。这个根本，以厚道为主。

**利人利己小买卖，
利国利民大生意。**

经商办企，能利人利己者，虽已属难得，然终究是小买卖。唯能利国利民者，方可称之大生意。夫君子从商，当不止于小买卖，而应图大生意！

释 义

　　经商办企业，能够做利人利己的生意，虽然已经属于很难得了，然而终究还是个小买卖而已。能够做利国利民的生意，那才能够称得上是大生意。君子从商，应当不止于做点小买卖，而应该图谋做大生意！

领导三大失误，犯之易出大事。

领导三大失误不能犯，犯之易出大事：一，错了方向；二，错过时机；三，用错了人。

身为领导，有三个失误不能犯，如果犯了，就容易出大问题：一是搞错方向；二是错过时机；三是用错人才。

人生三大忌，避之可成事。

人生三大忌：一忌自满，自满即不可再斟，到此为止，不足观之；二忌责人，责人而未自责者，未见有服之责者；三忌独行，独行而失众，纵百智千勇，徒一匹夫耳，不足成事。

人生有三个大忌讳：第一忌自满，人如果自满，就不能再进步了，就到此为止了，这样的人就没有什么值得期望的了；第二忌责难人，责难别人而不能先自我批评的，没有见过别人对他们心服口服的；第三忌独行，一个人的行为失去了大众的支持，纵然有种种智慧和勇气，也只是一个平凡的人，不可能成就什么大事。

用我非有，大事可图。

天下事之成败或成就大小，其差异之要者，即在"用我所有"及"用我非有"。败者或仅能小成者，仅知"用我所有"。而可大成者，必知"用我非有"。我所有则有限，我非有则无限。舍有限而就无限，则大事可图矣。

天下事的成败或成就大小，重要的差别在于"用我所有"及"用我非有"。失败或仅能成就小事的人，仅知道"用我所拥有的东西"。而能成大事的人，必定会知道"用我所没有的东西"。我所拥有的毕竟有限，而我所没有的却是无限的。舍弃有限而去用无限，那么就可以图谋大事了。

**侠之大者为国为民，
商之大者利于天下。**

金庸先生于武侠小说中对侠士有大小之分：行侠仗义、济人困厄，乃侠之小者；为国为民，乃侠之大者！

吾由此悟得：侠有大小之分，商亦有之。诚信经营，商之小者；利于天下，商之大者！

夫君子，行侠当为大侠，经商当做大商！

金庸先生在武侠小说中对侠士有大小之分：能够行侠仗义、济人困厄的人只是小侠士，而能够为国为民的人才是大侠士！

我从中感悟到：侠士有大小之分，商人也有这样的分别。能够诚信经营的人只是小商人，而能够给全社会带来利益的人才是大商人！

君子行侠仗义时，当做大侠；经商时，当做大商人！

**愚者怕艰难，
智者用艰难。**

天下事，总在艰难处现大转机！有遇难而退者，有迎难而上者，前者以败终，后者则更上层楼！

人生小得小失，努力与否而已；人生大成大败，还看关键之处！艰难之时，挺得住，熬得过，成功就在我手，反之则一败涂地！

愚者，每以艰难为大苦恼；智者，每将艰难为大转机！愚者怕艰难，智者用艰难。

 释 义

　　天下的事，总是在艰难的地方出现大的转机。世上的人有遇到困难就退却的，也有迎难而上的，前者每每以失败告终，而后者则能更上一层楼！

　　人生中的那些小得小失，就看努力与否而已；而人生中的那些大成大败，要看关键之处！面临艰难的时候，如果能挺得住，能忍住煎熬，成功就掌握在自我手里了，反之就会一败涂地！

　　愚蠢的人，每每因面临艰难而大为苦恼；智慧的人，每每将面临的艰难作为大转机！愚蠢的人害怕艰难，而智慧的人利用艰难。

礼义廉耻，国之四维。

古贤相管子有云："国有四维，一维绝则倾，二维绝则危，三维绝则覆，四维绝则灭。倾可正也，危可安也，覆可起也，灭不可复错也。何谓四维？一曰礼，二曰义，三曰廉，四曰耻。礼不逾节，义不自进，廉不蔽恶，耻不从枉。故不逾节，则上位安；不自进，则民无巧诈；不蔽恶，则行自全；不从枉，则邪事不生。"

吾悟之，治国如斯，而治人、治企又何尝不然？无论人企，倘失于礼义廉耻四维，灭不可复错也！

释义

古代的贤相管仲说过:"一个国家有四个维度的道德准则,缺了一维,国家就会倾斜;缺了两维,国家就会危险;缺了三维,国家就会被颠覆;缺了四维,国家就会灭亡。倾斜了可以扶正,危险了可以挽救,倾覆了可以再起,如果灭亡了,那就不可收拾了。什么是四维呢?一是礼,二是义,三是廉,四是耻。有礼,人们就不会超越应守的规范;有义,就不会妄自求进;有廉,就不会掩饰过错;有耻,就不会趋从坏人。人们不超出应守的规范,为君者的地位就安定;不妄自求进,人们就不巧谋欺诈;不掩饰过错,行为就自然端正;不趋从坏人,邪乱的事情也就不会发生。"

我感悟以上的道理,治理国家是这样,管理人、治理企业,又何尝不是这样呢?无论是人还是企业,如果在礼、义、廉、耻上做不好,同样也会灭亡而不可收拾!

担当毅力，甚于才德。

任人，才德之外，尤有重于才德者乎？担当与毅力也！无担当不足任事，无毅力则既担不起，也扛不久，尤误大事也。

任用人才，除了考察才能和品德之外，还有比这两者更重要的吗？就是担当和毅力。没有担当的人，不足以被任用去做事；而没有毅力的人，就会既担不起责任，也坚持不了多久，尤其会误了大事。

领导四得，而后能成。

领导之路，为艰辛之途。其必经四得而后成，曰：吃得亏，吃得苦，忍得气，容得人。少之其一而不可。

做领导的道路，是一条充满艰辛的路途。要想做出点成绩来，必须要做到"四得"：吃得了亏，吃得了苦，忍得了气，容得了人。少其中任何一项都不行。

成功之道，本末何在？

方今天下，大讲成功之道，然有属急功近利，舍本逐末。末者，有谓眼光，有倡技巧，有重人脉，不一而足。然本者何在？《大学》早有阐明，惜知之者不少，而行之者不多。谓之：格物，致知，诚意，正心，修身，齐家，治国，平天下。凡遵循而行，其功必成。反之，虽成必败。

释义

在当今社会所讲的成功之道，存在急功近利、舍本逐末的思想。所谓末，有的说成功要靠眼光，有的倡导技巧，有的则强调人脉，无法列举齐全。然而本在哪里呢？《大学》中早就阐明，可惜知道这些道理的人不少，但按照这些道理去实践的人却不多。这个道理就是：一个想成功的人，先得积极地去推究事物的道理，让自己拥有知识；有了知识，就能意念诚实，意念诚实了，就能端正自己的内心；内心端正了，就能提高自身的品德修养，品德修养提高了，家庭就能整顿好；能整顿好家庭，就能治理好国家，能治理好国家，就能够使天下太平。凡是按照这个道理去实践的人，就能取得成功。反之，纵然暂时看似成功，最终还会失败。

用人三要，揽育励之！

北宋王安石作《上仁宗皇帝言事书》，有云："先王之为天下，不患人之不为，而患人之不能，不患人之不能，而患己之不勉。"由此悟得用人三要：一在揽才，二在育才，三在励才。

北宋王安石在《上仁宗皇帝言事书》说道："先王治理天下，不担心别人无所作为，而担心他们没有才能；不担心他们没有才能，而担心自己不能勤加鼓励。"从这里能悟到用人的三个方面的关键：一是尽可能招揽人才，二是注重对人才的培养，三是不时给人才以鼓励。

**高估自己，
危害尤大。**

凡与人合作时，莫不看重彼此价值。此时也，自评身价便十分重要。过于低估自己，固然不该；过于高估自己，危害尤大。倘过于高估自己，则每自视过高，让人敬而远之，断送合作。

欲谋求合作，能客观自我评估最好，倘若不能，宁稍低估，不可高估。世人失机于合作者，究其原因多不在低估自己，而在高估自己。

凡是与别人合作时，无不是看重各自的价值。这个时候，自己评估身价便显得十分重要。过于低估自己固然不应该，但过于高估自己的危害更大。如果过于高估自己，那么往往就因自视过高而让别人敬而远之，从而断送了合作的机会。

要想谋求合作，能客观地自我评估最好；如果不能，宁可稍稍低估，也不能高估。世人与人合作时失去机会的，究其原因大多不是因为低估了自己，而是因为高估了自己。

三不可取，取必败局。

世人经商，大抵无不欲速赚速达，是以乱取一通，然终多败局。经商之道，与其乱取而速进，莫若慎图而缓行。乱取而速进必败，慎图而缓行必果。取之不义者不可取，非我所擅者不可取，精力顾之不及者不可取，三不可取若勉强取之，必酿败局。

世人经商，没有不希望能快速赚钱、快速达到目的的，所以每每为了求快而取之无道，最终多造成失败的局面。经商之道，与其乱取而快速前进，不如慎重对待，慢慢前行。乱取而快速前进的人必然失败，慎重于所图而慢慢前行的人必然有好的结果。取之不义的不可取，不是我所擅长的不可取，精力顾不上的不可取，对于这三个不可取，如果勉强取之，必然酿成败局。

但有施展，建功立业。

古来豪杰，顺逆不改其志！顺则放开拳脚，逆则养精蓄锐！虽岁月径去，而雄心不减，剑气长在！但有施展时，则必建功立业！

释义

自古以来的豪杰，无论遇到顺境还是逆境，都不会改变其志向！遇上顺境就放开拳脚，遇上逆境就养精蓄锐！虽然岁月流逝，然而豪杰雄心不减，胸中的剑气长在！一旦有施展的时候，就必然能够建功立业！

融通四海，信和二字。

世人经商，莫不欲融通四海，财纳八方。何以致之？得信和二字即可。信者，诚信也；和者，和气也。诚信是金，和气生财。以信立世，以和交易，则断无不融通四海之理。反之，倘失信失和，则必寸步难行，寸财难聚，大事将休矣！

人们经商没有不希望融通四海、财纳八方的。那么怎样才能做到呢？秉持"信""和"就可以做到了。信，指的是诚信；和，指的是和气。诚信是金，和气生财。以诚信立在世上，以和气和别人交易，就绝对没有做不到融通四海的道理。反之，如果没有诚信也做不到和气，就必然寸步难行，一丁点儿的财也难以聚到，大事也完成不了！

**为人一世，
心怀苍生。**

为人一世，富有万贯家财，不如胸藏百万雄师；胸藏百万雄师，不如心怀天下苍生。

为人一世，拥有万贯家财，不如胸中藏有万丈雄心；胸中藏有万丈雄心，不如心怀天下苍生。

志于沧海，不计一瓢。

志于沧海者，必不计于一瓢！

意于崇山者，必不守于一丘！

谋于百年者，必不较于一时！

图于天下者，必不争于一地！

释义

志在得到沧海的人，必定不会计较一瓢水的得失！

意在得到崇山的人，必定不会守着一丘土的得失！

谋划于百年的人，必定不会计较一时之间的得失！

图谋于天下的人，必定不会争于一地大小的得失！

天下大事，三得可就！

天下大事，三得即可成之。三得者：一者得势，势有趋势、形势、时势等。智者善谋，不如乘势。二者得人，人乃人才也。三军易得一将难求，可见人才之重。三者得众，众即民心，其向背决定事业之生死。

 释义

再大的事业，只要做到"三得"就可以成功。"三得"是指：一在得势，势又分为趋势、形势、时势等，聪明的人纵使善于谋划，不如做到乘势而为；二在得人，人是指人才，古人说三军易得一将难求，可见人才的重要性；三在得众，众就是指民心，民心向背决定事业的成败。

消耗信用,遑论成功。

人每失信一次即消耗信用一分,每守信一次即累积信用一分。信用消耗未必立刻尝到苦果,信用累积未必立刻尝到甜头。当信用耗尽必将付出代价,反之信用日渐累积,必将得到回报。

人之信用,显其人品,信用差则人品差,信用耗尽则人品耗尽。无信用者无人品,遑论成功。

一个人每失信一次,就会消耗一分信用;每守信一次,就会累积一分信用。信用被消耗,未必一下子就会尝到苦果;信用累积了,也未必一下子就能尝到甜头。当信用被消耗完了,最终必然是要付出代价的;反之,信用日渐累积起来之后,也必将得到回报。

一个人的信用好坏,体现一个人的人品。信用差的人,人品就很差,信用耗尽了,也就是人品耗尽了。不讲信用、人品不佳的人,那就不用说还能取得成功了。

一事无成，败于计划。

人活一生，若一事无成，且百端纷扰，究其根源，并非不努力，而实为无计划。《礼记·中庸》有云："凡事预则立，不预则废。"斯言不谬！历经千载，无不效验。欲得立身立业，当刻骨铭心，莫作他疑。

人活了一生，如果一事无成，且又被诸多问题困扰，追究根源，往往并不是不努力，而是没有计划。《礼记·中庸》中提到："不论做什么事，有所谋划准备，就能成功，不然就会失败。"这话不假！经过数千年的实践，无不得以验证。要想在社会上成功立身、成就事业，就应让这句话刻骨铭心，不要再怀疑。

勇担任务，成就人生。

凡有所成就者，促成因素颇多，而其中任务当属重中之重。吾曾细思：人生成就之历程，岂非正在于不断完成任务？任务之完成，越重、越多、越出色者，则越能成就人生。

任务者，自是重担，自是责任，需承担，去努力，然任务自能成就人。智者皆知，勿拒任务，勇去担当。

凡是能有所成就的人，往往促成其取得成就的因素很多，而其中完成任务应该是重中之重的因素。我曾经细想过：一个人取得成就的过程，难道不正是不断地去完成任务吗？完成的任务越重、越多、完成得越出色的人，就越能成就自己的人生。

任务，自然是重担，自然是责任，需要去承担、去努力，然而完成任务自然能够成就人生。聪明的人都知道，不要拒绝任务，而应该勇于担当。

**刘备哭髀肉，
我羞肚腩生。**

《三国演义》第三十四回叙述刘备有次如厕，因见己身髀肉复生，不觉潸然泪下。刘表怪而问之，刘备叹而复曰："备往常身不离鞍，髀肉皆散，分久不骑，髀里肉生。日月蹉跎，老将至矣，而功业不建，是以悲耳！"今吾亦功业未建，而肚腩已生，想必系平日多有懈怠所致，每见之，无不引以为耻。

 释 义

《三国演义》第三十四回讲到，刘备有一次上厕所，因看见自己的大腿上又长出了肥肉，不禁潸然泪下。刘表感到奇怪，就问刘备原因。刘备长叹回复道："我以前一直南征北战，长期身子不离马鞍，大腿上肥肉消散，精壮结实；而今因很久没有骑马作战，闲居安逸，肥肉复生。一想起时光如水、日月蹉跎，人转眼就老了，而功业尚未建成，因此悲从中来！"而今我也同样功业未建，却已长出了肚腩，想必那是因为自己在平日里对事业的追求已经有所懈怠所致。所以，每当见到这肚腩，我无不深感羞耻。

团队建设，三除三重！

古人用人，有"三除三重"，可让现代企业团队建设作为参考。三除者：怀有异心者必除之；不求上进者必除之；居功自傲者必除之。三重者，忠心无二者必重之；积极上进者必重之；有功不邀者必重之。

古人在用人时有"三除三重"，可以在现代企业建设团队时作为参考。"三除"指的是：对那些怀有异心的人必须要铲除；对那些不求上进的人必须要铲除；对那些居功自傲的人必须要铲除。"三重"指的是：对那些忠诚的、没有二心的人必须重用；对那些积极上进的人必须重用；对那些有功劳却不邀功的人必须重用。

领导操守，克己奉公。

领导者之第一道德操守，系克己奉公。深怀私心者，虽努力表现，仍属盗权窃位，终究难容于世。所谓"得民心者得天下"，克己奉公则得民心，自私自利即失民心。民心向背，皆取决于公私之间。身为领导，当谨记之。

领导者最重要的道德操守就是树立克己奉公的思想。有一些将自己的私心深藏不露的人，虽然努力地表现自己，但仍然属于盗窃了权力与职位，终究不会被世人所接纳。平时人们常说："得到了民心，就能得到天下"，克己奉公就会得到民心，自私自利就会失去民心。民心向背取决于为公还是为私。身为领导者，应该记住这个道理。

识人第一,察其血性。

诸德之中,血性为首。血性者德之基也,无基之德,易于流变。故识人第一,察其血性也。

在所有的品德之中,最为重要的莫过于有血性。血性是德行的基础。没有这一基础的德行,人容易随着环境的改变而改变。所以,识别人的关键就是判断一个人有没有血性。

娇气之人，万不可用。

娇气有一分，能力减十分，而抱怨增百分，终无所作为。任人为用，与其能而娇，莫如不能而任劳任怨。

一个人一旦有了一分娇气，则相应的承受压力的能力就会减少十分，而抱怨却增加百分，最终做不成什么事。任用人才，与其用那些虽有一定能力但过于娇气的人，不如用那些虽能力一般但能任劳任怨的人。

渴望如火，淡然似水。

人欲成其事，需有心：渴望如火并淡然似水，两者中和，免失偏颇。否则，不是走火入魔，就是心如死灰。

一个人要想成就自己的事业，需要有这样的心态：既要有像火一样的渴望，又要有像水一样的淡然。两者调和得当，就可以避免出现偏激的情况。否则，不是走火入魔，就是心如死灰。

不患无人才，
患己德才微。

吾闻君子欲图大业，必以得人才为先。然吾今虽有大业之志，却兵微将寡，不得其人，是以痛心不已！

子曰："不患人之不己知，患其不能也。"吾由之悟得："不患人才之不致，而患吾才疏德薄也！"

我听说，君子要建功立业，必须要以得到人才为前提。然而，而今我虽然有建功立业的志向，却兵微将寡，没有得到相应的人才。所以，每每为此痛心不已！

孔子说："不要担心自己不为别人所知道，而应担心自己没有什么才能。"我从这里悟得："不要担心人才不来，而应担心我自己才疏学浅、品德不够高尚！"

**大功大业，
任人理事。**

天下大功大业，无不凭任人理事达成！有仅凭一己之力而成天下大事者，旷古未闻。纵力可拔山，智至绝伦，倘不知任人理事，徒有匹夫之勇，断不会与大功大业有关！

夫欲任人理事，识人得人为要，而识事断事亦然！事得其人，人尽其才，则天下大功大业，立可成之！

　　天下的大功大业，无不是凭借用人理事来达成！自古以来没有听说过仅凭自己一个人的力量而能成就大事的。纵使力量大到可以拔山，智慧达到无与伦比的地步，如果不知道用人理事，那么充其量不过是匹夫之勇，绝对不会与大功大业有什么关系！

　　要想做好用人理事，识别人才、找到人才固然很重要，而对事务有了解并能决断也一样重要！事务由合适的人才去处理，人才能够完全发挥才干，那么天下的大功大业，就可以做成了！

自知而后谋人，知事而后任人。

谋事先谋人，谋人先知人，知人先自知，欲自知，必学习。

知人善任，人皆知其理，而现实中每患不在不知人，而患在不知事。仅知人而不知事，又何以知人善任？故而，知人之后，还当知事而后任人。

释义

要想做好一件事情，先要招揽相关的人才。要想招揽相关的人才，先要有识别人才的能力。要想具备识别人才的能力，自己先要有自知之明。要想有自知之明，除了学习无法通过其他方式可以办到。

知人善任，人们大多都知道这个道理，而现实中的问题往往不是由于不了解人，而在于不了解事。如果仅仅了解人而不了解事，那又怎么可能做到知人善任呢？所以，在了解人之后还应当了解事，而后再安排相应的人去做。

智者善谋，不如当时！

春秋时政治家，史称管子之管仲于《管子·霸言》中有云："圣人能辅时不能违时。智者善谋，不如当时。"西晋史学家陈寿于《三国志》中亦云："圣人常顺时而动，智者必因机而发。"西汉经学家、文学家刘向于《战国策》中亦云："圣人从事，必藉于权而务兴于时。"

以上数语，皆道出时之重要，真至理名言也。人而立世，顺时则昌，逆时则亡；用时则胜，失时则败。所谓时势造英雄，亦英雄能用时势也！

方今天下，世事万变，思想激荡，形势逼人，智者岂能不乘时而作，以图有所为乎？

释义

春秋时期的政治家，史称管子的管仲在《管子·霸言》中说道："圣人能够做到顺应时势而不会去违背时势。聪明的人虽然善于谋划，但总不如顺应时势来得高明。"西晋时期的史学家陈寿在《三国志》中也说道："圣人常常会顺应时势而改变自身，聪明的人必定会把握机会而采取行动。"西汉时期的经学家、文学家刘向在《战国策》中也说道："圣人在行事时，必定会凭借权变，务必把握时势而兴起。"

以上这几句话都说出了时势的重要性，真是至理名言。一个人立身在这世上，顺应时势就会有所发展，而违背时势就会衰落；懂得利用时势就能胜利，而对时势不能善加利用就会失败。所谓时势造英雄，不仅是说时势能够造就英雄，更是指英雄能够利用好时势而成就自我！

如今世事瞬息万变，各种思想激烈碰撞，真的是形势逼人呀！聪明的人难道不应该把握时势而行动起来，以图得人生能有所作为吗？

降任降难，反行其道！

古人云："天将降大任于是人也，必先苦其心志，劳其筋骨，饿其体肤，空乏其身，行拂乱其所为，所以动心忍性，曾益其所不能。"

降大任则如此，反之岂非正是降大难？

故吾谓："天将降大难于是人也，必先靡其心志，懒其筋骨，胀其体肤，充溢其身，行为顺其私欲，所以得意忘形，增损其所不德，终至自取灭亡。"

古人说："上天要降大任到一个人身上，一定要先使他的内心和意志遭受痛苦的折磨，让他的筋骨经受劳累，使他的身体经受饥饿，让他的生活遭遇贫困，使他的行为总是受到困扰和麻烦。这样一来，便可使他的心态受到震动，让他的性格更加坚韧，从而增加他所不具备的能力。"

上天降大任就有这样的安排，如果境遇相反，难道不是要降大难吗？

所以，我以为："上天要降大难到一个人身上，一定要先以优厚的环境消磨他的意志，让他变得懒惰，让他吃饱喝足，让他的物质生活尽量富足，让他的所作所为都能顺利满足他的欲望。这样一来，便会让他得意忘形，从而让他不断增加不德之举，最终自取灭亡。"

天何言哉？循道而行！

子曰："天何言哉？四时行焉，百物生焉……"，后人常以自警，少说多做。实则，尤为关键者，天无言而行道也，人宜学之。

 释 义

孔子说："天什么时候说过话呢，然而四季轮回不息，万物自然生长……"，后人常以此来警诫自己，要少说多做。事实上，更为关键的是，天不说话却在遵循规律而行，这是人应该学习的。

财上平如水，人中直似衡。

经商有年，无以为成，日常行止，仍浑噩懵懂。尝思，商者两要：一在做人，二在待财。为人以直，分财宜均。财上平如水，人中直似衡。

另又悟行商八戒：于财戒贪，于事戒躁，于机戒缓，于诺戒失，于行戒邪，于言戒大，于知戒满。

释义

我经商已经有一些年头了，但并没有什么成就。日常的言行举止，还是浑噩懵懂。我曾经思考，经商涉及两个大的方面：一是怎么做人，二是如何对待财物。做人要正直，分财要均衡。对待财物要公平如水，做人要正直如秤。

另外，我又感悟到了经商八戒：在财物面前戒贪；遇事时戒躁；对机会戒反应过慢；许下诺言戒失信于人；行事方式戒走邪路；说话时戒大言不惭；对于学习知识戒自满。

天下之利，众生之福。

计利当计天下利，造福要造众生福！一己之利，一己之福，小利小福耳；天下之利，众生之福，大利大福也。

吾愧生而为人，却不能为天下计大利，为众生造大福！

要计算利益，就应当计算天下人的利益；要谋求幸福，就要谋求众生的幸福！自己一个人的利益，自己一个人的幸福，这是小利益、小幸福罢了；天下人的利益，众生的幸福，这才是大利益、大幸福。

我很惭愧，生而为人却不能为天下人去盘算大利益，为众生去谋求大幸福！

应厚德载物，勿急于求成。

人生在世，成败所系，其要害有二：一在德福，二在心力。德福者，因积德而有福也，德增则福增，德损则福损；心力者，用心努力，才能智力之统称也。

所谓，小成凭智，大成靠德。是以，成功固好，勿急求之，立德在先，求成在后，则其成也稳，其功也固，反之，若德不配位，则纵有所得，终归复失也。

释义

人生在世，与成败相关的因素有两个最重要的方面：一方面是德福，另一方面是心力。德福，就是因为积德而有福气的意思，德增加了福气就增加了，德损伤了福气就会受损伤了；心力的意思，就是用心努力，包括才能、智力都统称心力。

小的成功可以凭着自己的聪明才智而获得，但大的成就必须以品德为基础。所以，成功固然很好，但不要急于求成，积德在先，求成在后，那么得来的成功就很稳固；反之，如果自己的品德与所得到的地位及待遇不般配，那么纵使暂时拥有一些东西，终归还将失去。

此心不动，随机而动。

王阳明之心学，重在修心。心外无物，一切皆由心而起，以心而终。所谓修身，归根结底，修心而已。然而，心何以修之？其有要诀于此：此心不动，随机而动！

所谓此心不动，乃心不受外扰也！泰山崩于前而色不变，是外扰袭来，此心不动。外扰者，山崩之扰不常见，而七情六欲之扰则常见。心为七情六欲所扰，根源于"心贼"，去除"心贼"之法，首倡正心，心若正则贼自去，而扰可免。

所谓随机而动，乃此心把握机缘，因势利导，顺势而为也。如此心动，动则必有为，有为则必有果。

释义

王阳明的心学注重对心灵的修炼，心之外没有其他的东西，一切都是由心而起，以心而终。所谓的修身，归根结底就是修炼心灵。然而，怎么去修炼心灵呢？王阳明对修炼心灵有个要诀：面对事物不要轻易动心，如果动心就要随机而动。

所谓不要轻易动心，是指这颗心不受外物的干扰。泰山倒塌在面前仍面不改色，这就是外物的干扰袭来，而这颗心没有动摇。来自外物的干扰，像山体崩塌这样的干扰不常见，而七情六欲的干扰就比较常见。之所以受到七情六欲的干扰，根源于"心贼"，而去除"心贼"的方法，首倡端正心中的意念，心中的意念端正了，"心贼"自然就消失了，也就可以避免被干扰了。

所谓随机而动，就是要懂得把握机缘，因势利导、顺势而为的意思。如果能做到这样的随机而动，那么动起来就必然有所作为，必然有良好的结果。

财为缘来，四缘成财。

天下财富，缘何而来？大抵皆以为不外赚取而来！实则未必尽然！

凡天下事物之变化，莫不依赖因缘际会，财富自不例外。俗话之财源者，实是财缘也。无缘不成源，更遑论财富！故欲得财富者，先理财缘也！

然则，财缘何以理之？吾有悟于此，财缘之理，其要有四：

一者，重亲缘，即重亲人之缘分！凡亲情失和者，家必败，财必散。

二者，种善缘，即与人为善，结下善缘！凡结下善缘者，不愁无财。

三者，广人缘，即广结人缘之意！凡人缘广而好者，财源必丰。

四者，握机缘，即把握机会与缘分！机会缘分既到，倘还失之交臂，唯有安于贫穷矣。

以上四缘，财富密钥也，诸君若能持之以恒，必然富贵！

释义

天下的财富，究竟从何而来？人们大抵上总以为财富当然是赚取而来的，其实未必尽然！

凡是天下事物的变化，莫不依赖因缘际会，财富也不例外。俗话说的财源，其实应该是"财缘"。没有"财缘"就不会有财源，更不用说是财富了！所以，要想获得财富，就要先学会结"财缘"！

那么，怎样去结"财缘"呢？我主要有四个方面感悟：

第一个方面，重亲缘，就是重视亲人之间的情分。凡是不讲亲情、与亲人不和的人，家庭必然衰败，财富必然散掉。

第二个方面，种善缘，也就是与人为善。凡是与众人结下了善缘的人，不愁没有财富。

第三方面，广人缘，也就是广结人缘的意思。凡是人缘广的人，财源必然也很丰富。

第四方面，握机缘，也就是把握机会与缘分的意思。机会和缘分既然来了，如果还失之交臂，那就只有安于贫穷了。

以上就是获得财富的密钥，如果能持之以恒，必然获得财富！

春华秋实，勤恳耕耘。

无春华不得秋实，无耕耘莫望丰收。世上大道至简，朴素如拙，而小术小伎俩，看似奇思巧妙，实是其中多怀侥幸，企图便宜也。为人行事，吾倡老实，不倡取巧，甘愿守拙，不图便宜。值此春天，唯勤恳耕耘，以待秋收，除此之外，别无他念。

没有春天的花开，就不可能有秋天的果实；没有付出辛勤的耕耘，就别指望获得丰收。这世上的真理都极其简单，甚至朴素到显得十分笨拙的程度，而那些小的方法和伎俩，虽然显得很巧妙，其实是一些人怀着侥幸的心理，企图贪便宜。为人处世，我提倡老实，不提倡投机取巧，甘愿守着笨拙，而不去图便宜。值此春天来临之际，我唯有督促自己勤勤恳恳去耕耘，以期待有秋天的丰收。除此之外，没有其他的想法了。

舍易择难，甘之如饴。

天下事，小则易就，大则难成，古今皆然。人之本性，多避重就轻，畏难好易，是以能成大事者，世所罕见也。有志于大事者，其必舍易而择难，并甘之如饴，至则大志可酬，奇功可建。真男儿，舍此莫为。

　　天下的事情，小事很容易做到，大事却很难做成，古往今来都是这样。人的本性多是避重就轻，害怕困难而喜欢容易。所以，能成大事的人十分罕见。志在成大事的人，必须主动放弃容易做的事而去接纳难做的事，并乐于承受其中的艰难和痛苦。能够做到这样，那么大志就可以实现，奇功就能建立起来。真男儿，除了这个选择，就没有什么可以做的了。

兴衰成败，时势使然。

天下事之兴，心力之外，时势使然。大成因有大时，大功因应大势。反之，违时逆势，则纵有千般心机，万般努力，仍将注定败局。是以，凡志在建功立业者，时势二字，不能不知，不得不察，不可不用。

 释义

要取得事业的成功，除了用心和付出努力之外，还由时势决定其最终结果。有大成就是因为把握了大好的时机，有大功业是因为顺应了大趋势的发展。反之，如果违背了时机与趋势，那么纵然有千般的心机，付出万般的努力，仍将注定是失败的结局。所以，凡志在建功立业的人，对时势不能不知道，不得不明察，不可不运用。

宁与君子安贫，不与小人谋利。

周恩来有自勉联："与有肝胆人共事，从无字句处读书。"其理透彻精当，其意深邃悠远，值得铭记，以为鉴戒！吾受启发而得："宁与君子安贫，不与小人谋利。"

周恩来有一副勉励自己的对联："与能够肝胆相照的人共谋大事，在生活中参悟事理。"这副对联的义理透彻精当，意义深邃悠远，值得铭记在心，用于鉴戒。受这幅对联的启发，我有这样的感悟："宁愿与君子安贫乐道，也不要与小人去共谋利益。"

必死之心求生，必败之心求胜。

以生而必有死之心求生，以胜而必有败之心求胜，以有而必成空之心夺天下！

念及有生必有死，则知生之当惜，故知求生务必迫切；念及有胜必有败，则知胜之不易，故知求胜务必坚毅；念及有终必成空，则知天下之难得，故行事务必踏实！

以生而必有死的心去求生，以胜而必有败的心去求胜，以有而终必成空的心去求天下！

意识到有生必有死，就会知道应当珍惜生命，故而知道求生一定要迫切；意识到有胜必有败，就会知道胜利来之不易，故而知道求取胜利务必有毅力；意识到有终必成空，就会知道天下的难得，故而知道务必要踏踏实实做事！

量力而行，量德而行。

人生在世，无不欲有所成就。然而，有能如愿者，有未能如愿者，究其原因颇多，而其中必有一条：为人行事，当量力而行，量德而行。

力有不逮而强行之事，必不可成；德有不及而强载之物，必不可载。每天下大事之成，必以力德皆到，缺一而不可。

世人知量力而行者多，而知量德而行者少。是故，每见事败者多因失之于德，而非力也！

 释 义

人生在世，没有谁是不想有所成就的。然而，有的人能够如愿，有的人未能如愿，究其原因有很多，而其中必有一条：为人行事，不但要量力而行，更要量德而行。

能力达不到而勉强去做的事，必然做不成；德行达不到而勉强去承载的东西，也必然承载不了。往往大事的成功，必须能力和品德都要到位才行，缺任何一个都不行。

世人知道要量力而行的人多，而知道量德而行的人少。所以，我经常见到做事失败了的人，是因为德行不够，而不是因为能力不足！

天下之智者，敢为天下先。

吾见古往今来，凡成大事者，莫不在争先。得先机，有先手，夺先声，进而成事。世人于先，每多畏难犹豫，实则争先之难也，不在力有不逮，而在不敢放胆！天下智者，无不知敢为天下先。

我看到古往今来，凡能够成就大事的，无不在争取先人一步。得了先机，有了先手，先声夺人，从而能够先于别人而成事。在争先方面，大多数人往往都害怕困难并犹豫不决。其实，争先的困难不是由于能力达不到，而是由于不敢放开胆量。天底下那些有智慧的人，没有不知道敢为天下先的道理的。

能干但奸猾，万不可用之。

择人而用，宁取质朴无华但具根基之人，而莫信奸猾能干但隐藏祸心之徒。盖因前者愈用则愈利，而后者反之。

在人才的选择和任用上，宁愿选择那些品质纯朴但有培养潜力的人，而不要信任那些有能力却奸猾且又隐藏祸心的人。因为前者越用对事业越有利，而后者刚好相反。

仁德行计，以势败敌。

善战者，必用势。势之用，计谋在先。计谋有阴阳。夫君子，以仁行计，以德驭谋，以势败敌。

 释义

善于作战的人，必然会用势的力量。要用势，先要有计谋。计谋又分为阴谋和阳谋。一个君子，要以仁为基础来定计策，要用德来驾驭谋略，要以势来打败敌人。

万物可无，三有须具！

夫男儿立世，万物可无，三有须具：一有格局，二有情怀，三有担当。三有皆具，则罕有匹敌矣！

男人要想在社会上立足，其他物质可以没有，但必须要具备三种品格：一有格局，二有情怀，三有担当。如果具备了这三种品格，那么就很少有实力相当的对手了！

自利成人，利他成己！

天下事，每自利而成人，利他而成己。君子于自利利他，宁不慎之？

 释义

天下的事情，自私自利的结果往往是成就了别人，而利益他人的结果却能成就自己。作为一个君子，在利己还是利他这方面，难道不应该慎重对待吗？

勉而为之，对牛弹琴！

勿与盲人言七色之美，勿与聋人道五音之妙，勿与非知我者谈凌云之志，此三事若勉而为之，结果必属对牛弹琴，毫无意义。

不要与盲人去说七色的美丽，不要与聋人去说五音的玄妙，不要与不懂我的人去谈自己的凌云壮志。如果勉强去做这三件事，结果必然是对牛弹琴，没有丝毫的意义。

**事情成败，
关键看人。**

天下事之成败，其关键处在人！事虽好，但若得非其人，则好事仍多以败终。

世人谋事，每重事之好坏而轻人之得失，重事轻人之结果，每多痛悔莫及！

天下事之大成者，必事人皆得方可！退而求其次者，先人后事也，至若仅有好事而未得其人，则断不可为之，为则必败！

 释 义

　　天下事的成功和失败，关键要看做事的人是谁，而并不是看事情本身。一件事虽然很好，但如果没有由合适的人去做，那么好事仍然多以失败告终。

　　世人在谋事的时候，往往重视事情本身的好坏，而对于是否找到合适的人去做却不太重视。重事轻人的结果，往往令人痛悔莫及！

　　天下能够获得大成就的事，必然是事情本身和做事的人都合适才可以实现。退而求其次，也要先重视人，而后再重视事。如果仅有一件好事而没有找到合适的人，那么就绝对不可以去做，如果硬要去做，结果必然失败！

人生真力量，智仁勇是也。

读《论语》，知人生之真力量所在。子曰："智者不惑，仁者不忧，勇者不惧。"由之知，人生真力量之所在，乃智、仁、勇三字也。为人而能不惑，不忧，不惧，其力必达极点，自不可阻挡矣。无此三字为基，纵声势浩大，亦必是外强中干。

释 义

读了《论语》，才知道人生真正的力量所在。孔子说："明智的人，通达事理，就不会迷惑；仁义的人，内心坦然，就没有忧虑；勇敢的人，直面困难，就不会惧怕。"从这句话可以知道，人生真正的力量来自"智、仁、勇"这三个字。为人如果能做到不惑、不忧、不惧，这样的人所迸发的力量必将极其强大，自然是不可阻挡的了。而如果没有以"智仁勇"为基础，那么纵然声势浩大，也必然是外强中干的。

善攻善守,虚实之用。

经商好比战斗,攻守在所难免。攻守之道中,虚实之用甚要,其贵在使敌不知,亦是"知己知彼,百战不殆"之反用也。《孙子兵法·虚实篇》有云:"善攻者,敌不知其所守;善守者,敌不知其所攻。"所述堪称攻守之经典!

经商就好比是一场战斗,进攻和防守就在所难免。进攻和防守的方法中,对虚和实的应用十分重要,其可贵的地方是通过虚实的把握让敌人不了解自己的情况,这也是反过来应用"知己知彼,百战不殆"的道理。《孙子兵法·虚实篇》里说道:"善于进攻的人,能使敌人不知道怎样防守。善于防守的人,能让敌人不知道从什么地方进攻。"这里所说的道理,堪称是攻守之道的经典!

从商应有林泉志，
居官宜怀田园心。

从商应有林泉志，居官宜怀田园心。志归林泉，则从商不贪财，终不为财而败德。心怀田园，则为官不恋权，终不因权而毁身。

从商的人，要怀有归隐林泉的志向。当官的人，要怀有回归田园的心思。从商而志归林泉的人，就不会贪财，最终不会为了钱财而败坏德行。当官而心怀田园的人，就不会贪恋权力，最终不会因为权力的争斗而毁灭自己。

非常商道

为人处世篇

回眸深思，智德合一。

世纪更迭，如梦如烟，沧桑回首五千年。
天地自古有正气，育得豪杰在人间。
风花雪月，置之等闲，只将热血酬轩辕。
慢随游思轻抚剑，骤马乘势扬金鞭。

世纪回眸，历数多少豪杰，其功业彪炳于世，泽被千古，令人无限追思。人之一生，非事业不足以安身立命，守无为则与草木同朽。观古今中外，但有所成者，无不是乘时而作，把握机遇，努力拼搏，遂成大功。古语云："识时务者为俊杰""时势造英雄"，斯言不谬！

当今华夏，改革兴邦，百业沸腾，万众激昂，东方巨龙舞天宇，朗朗乾坤著华章。逢此盛世，夫复何求？风云际会天地异，正是英雄施展时！

然则，红尘浩荡，大浪奔流，泥沙俱下，得失之间，又岂易处？以何越众而出？安得长盛不衰，笑傲江湖？智慧、道德，缺一不可！智基于德为大智，德辅以智成大德。

纵横捭阖之间成败交替。当此要冲，舍智慧何以就奇功？无谋略岂能登舞台？又有云："得民心者得天下""得道多助，失道寡助"，此理何尝不适用于市场经营？

释义

世纪更迭之际，往事如梦如烟，我国已经历五千年的沧桑岁月。

自古以来天地间就自有一股正气，培育出各路豪杰。

那些风花雪月的事，都将之视为等闲吧，只拿热血来报答我们的祖先。

缓慢地随着心中的游思，轻抚手中的剑，纵马奔驰乘势高高扬起金鞭。

世纪回眸，历数有多少豪杰，他们的功业流传于世间，惠及后代，延绵千古，让人们无限地追思。人的一生，不做成一番事业不足以安身立命，无所作为就只能和草木一同腐朽。看古今中外，但凡有所成就的人，无不是利用时机而行动，把握机遇，努力拼搏，于是就建立了大的功业。古语道："识时务者为俊杰""时势造英雄"，这些话没有谬误！

当今的中国，改革兴邦，百业沸腾，万众都激情昂扬，东方的巨龙在腾飞，在朗朗乾坤中书写华丽的篇章。遇到这样的盛世，还有什么可求的呢？风云际会之际天地都在变化，这也正是英雄施展才华的时机！

然而，红尘浩荡，大浪奔流，泥沙俱下，得与失之间，又岂是容易处置的呢？应该怎样越众而出呢？怎样才能做到长盛不衰，以笑傲江湖？智慧和道德，这两样东西缺一不可！以道德为基础的智慧是大智，得到了智慧辅助的道德是大德。

如今纵横捭阖之间成功和失败循环往复。处在这个关键时期，如果不依靠智慧，那靠什么来建立奇功？如果没有谋略，那怎么能登上舞台？也有这些说法："得民心者得天下""得道多助，失道寡助"，这些道理何尝不适用于市场经营呢？

真豪杰寂寞，非常人可解。

真豪杰之寂寞，非常人能解。古之对酒当歌，邀月同饮者，无不是那超凡之士，岂戚戚小人而堪比。每功业之欲成，必寂寞之耐久。能耐寂寞乃为自古圣贤豪杰必经之途也。

释义

真豪杰的寂寞，并不是常人可以理解的。古时候的那些对酒当歌、邀月同饮的人，无不是超凡的人，岂是戚戚小人所能比拟的？要想成就事业，必然要忍耐寂寞的生活。能耐住寂寞，自古以来就是那些圣贤和豪杰所必须经历的。

情义基于信任，治学安于无名。

人之相与间，最珍贵者，莫过信任二字。此为情义之基，失之，则情义淡薄矣。

治学之道，以不求人知始。求人知，则心思专于名，于学问自有限矣，故名实难副。天下真学问者，唯潜心于学，不求人知。

释义

人与人之间最珍贵的东西莫过于信任。这是情义的基础，如果失去了信任，情义自然就会变得淡薄了。

研究学问，以不求别人知道为根本。追求让别人知道，把心思都用在成名上，用于学问的自然是有限了，这样一来，难免名不副实。天下真有学问的人，都只潜心于学问，而不求让别人知道。

人生之成功，天地人三得。

事之欲成，无不赖于天时、地利、人和。

人而立世，顺天时之变以用之，谓之得天时；就地势之利以用之，谓之得地利；结人心之和以用之，谓之得人和。得天时、地利、人和，则成功必来。反之者，莫可图也。

要想事情成功，没有不依赖于天时、地利、人和的。

人在社会上立足，顺应天时的变化以利用天时，这就叫作得天时；借着地势的便利以利用地势，这就叫作得地利；团结人，赢得人心，这就叫作得人和。做到得天时，得地利，得人和，那么更容易取得成功。反之，则不可能成功。

君子雅量，小人贪婪。

古人云："莫以小人之心，度君子之腹。"吾谓："莫以君子之量，容小人之心。"盖因君子之量再大，也盛不下小人之贪婪无耻。

 释义

古人说："不要拿小人的想法，去推测君子的心思。"我说："不要用君子的度量，去包容小人的心思。"那是因为君子的度量再大，也难以装得下小人的贪婪无耻。

识人识言，可免祸患。

立身做人，每考言行两端，可见言之不易。《论语·卫灵公》有云："可与言而不与之言，失人；不可与言而与之言，失言。"言之得失，始于识人，尤始于识言，知言之轻重要次，有的放矢，则可免祸患。

对一个人为人处世水平的考验主要在于说话和行为，可见说话并不容易。在《论语·卫灵公》中，孔子说："面对可说的人而不说，就会失去这个人的信任；面对不可说的人却说了，就会在这个人面前失言。"说话的得失，源于识别人，尤其源于识别话，知道话的轻重和主次，有的放矢，就可避免祸患。

元亨利贞，
行事准则。

元亨利贞，出自《易经》乾卦。历来各种注解，不一而足。吾悟出为人行事之准则，自得一解，不与人同。

元者，起始谓之元也，慎始得善终。
亨者，通达谓之亨也，和顺即通达。
利者，获益谓之利也，利己先利人。
贞者，节操谓之贞也，守节能守成。

元亨利贞，这四个字出自《易经》的乾卦。历来有各种各样的注解，不一而足。我悟出为人行事的准则，自己得出一个注解，与别人的不一样。

开始叫作元，慎重于开始，就能得到善终。
通达叫作亨，与人和顺相处，就能做到通达。
能获益叫作利，要想自己有利，先要利于别人。
有节操叫作贞，守住了操守，就守得住成果。

勿以褒扬而为之，勿以诽谤而不为。

大丈夫行事，但论是非对错即可，至于毁誉不必过于较真！勿以褒扬而为之，勿以诽谤而不为！

吾每念起林则徐名联不由大为佩服，联曰："苟利国家生死以，岂因祸福避趋之？"

大丈夫行事，生死祸福尚置之度外，何况区区毁誉？

释义

大丈夫做事，只论事情的是非对错就可以了，至于毁谤和称赞就不必过于去较真！做正确的事，不因为受到赞扬而去做，也不因为受到诽谤而不去做！

我每每想起林则徐的著名对联，不由得大为佩服！对联的意思是："如果事情对国家有利，我可以不顾生死去做，怎么会因祸福而去趋利避害呢？"

大丈夫做事，生死祸福尚且可以置之度外，哪能受到区区诽谤或称赞的影响？

**贪婪多失，
淡泊得之。**

贪者，求之过也。古人云：物极必反，否极泰来。天下万事万物，过犹不及，求亦然。是故贪婪多失，而淡泊得之。贪婪者，始则有得，终而难守。淡泊者，初虽利少，后必自足。

贪婪，是因为索求过了头。古人说：事物发展到极致必然会反转，逆境达到极致，就会向顺境转化。天下万事万物，做过了头就好像还没做好一样，索求也是如此。所以过于贪婪每每会造成损失，而能淡然处之反而会得到。贪婪的人开始会有所得，而最终却难以守住。淡泊的人起初虽获利少，而最后却必能自足。

**安徐正静，
大事易图。**

鬼谷子有为人处世四字诀，安徐正静。养心定性谓之安，有节有度谓之徐，正直公平谓之正，沉着不乱谓之静。得此四字，世易立，业易就。

鬼谷子为人处世的四字诀是安、徐、正、静。修养心灵、稳定性情叫作安，有节有度叫作徐，正直公平叫作正，沉着不乱叫作静。做到这四方面，立世就容易成功，事业就容易达成。

**一颗热心，
一双冷眼。**

人心之深邃难测，犹如原始之山野森林。一旦步入其中，沿途鸟语花香有之，嘉木异草有之，和煦阳光有之，乌云蔽日有之，毒虫猛兽亦有之……

处繁杂人世，对难测人心，吾无他法，但有一颗热心外加一双冷眼！

人心的深邃难测，就好像原始的山野森林一样神秘。一旦走到森林里去，沿途有鸟语花香，有嘉木异草，有和煦阳光，有乌云蔽日，也有毒虫猛兽……

处在繁杂的人世间，面对难测的人心，我没有其他的办法，只有一颗热心外加一双冷眼！

成人达己，小气误事。

人生在世，莫不欲有所成。古人云："己欲立而立人，己欲达而达人"，真至理名言也！

人欲立世上而有所成，应具立人达人之心。须知，无人则无我，有人则有我。立多少人，达多少人，则相应能立多大我，成多大我。天下大成功者，俱立人达人无数！

世人于立人达人上，多自私小气，不愿为之。岂不知，此等小气误大事，甚误终身也。

> **释 义**

人生在世,无人不想有所成就。古人说:"要想让自己成功立于世上,就要帮助别人成功立于世上;要想自己发达,就要帮助别人发达",这真是至理名言呀!

一个人要想有所成就,应该具有帮助别人立世和发达的意愿。必须要明白,没有别人的成功立世和人生发达,也就没有我的;有了别人的成功立世和人生发达,也就有我的。能够帮助多少人成功立世和人生发达,就相应地能让我有多大的成功和发达。天底下那些获得大成功的人,都是帮助了无数人实现成功立世和人生发达!

世人在帮助别人实现成功立世和人生发达方面,大多自私又小气,不乐意去做。岂不知,这种小气会误了大事,甚至误了终生前途。

人心难测，
信疑难决。

人之相与间，自来信疑难决。读"颜回攫食"典故，感此良多。典故略述，有次孔子与颜回为穷所困，七日未得食。颜回索而得米，煮之近熟。孔子望见颜回攫其甑中而食之，疑其先吃好而留其次于己。颜回释疑之，攫食者实为脏米。孔子释然而叹，知非难也，知人难也。

以孔子与颜回之交，既师亦友，可谓深矣，又以子之贤，然仍不免见疑于颜回，可见人之相与，疑之易起，而信之难得。呜呼，古来由信转疑者，盖因其信止于其表，而非深入其心，待得外物但有所变，则难免疑窦丛生。古人所谓，交人交心，其义在此。

释义

　　自古以来，人与人之间对彼此的信任与怀疑都很难断定。读"颜回攫食"这个典故，在这方面感触良多。典故叙述的意思是：有一次孔子与颜回为穷所困，已经七天吃不上饭。颜回讨米回来煮，快要煮熟了。孔子看见颜回用手抓锅里的饭吃，就怀疑颜回先把好的吃了而留差的给自己。颜回向孔子解释，他用手抓的并不是好米。孔子听了解释，放下怀疑之后感叹，要了解真相很难，要了解一个人更难。

　　孔子与颜回既是师生关系也是朋友关系，可以说交情比较深了，又加上孔子的贤明，然而仍不免对颜回产生怀疑，由此可见人与人相处时很容易产生疑心，而信任却很难建立。唉，自古以来由信任又转为怀疑的，是因为那种信任仅停留在表面，而没有深入内心，所以外在的表象一旦有所变化，就难免疑窦丛生了。古人所说的和人相交要交心，这句话的意义就在这里呀。

**人生之障，
自我设置。**

人生之障，大抵自我设置者多，而他人设置者少！唯自我设置之障，每浑然不觉；而他人设置之障，又每视之过重！

人生之路，原该先除自我设置之障，方可除他人设置之障！若非如此，必将一生受制于人，受困于人。除怨天尤人，别无所得！

 释义

　　人生之中的障碍，通常自我设置的多，而别人设置的少！只不过人们对自我设置的障碍往往浑然不觉，而对别人设置的障碍又往往过于看重！

　　人生之路，原本应该先拆除自我设置的障碍，这样才有可能再拆除别人设置的障碍！如果不这样做，那就必将一生受制于人，受困于人。除了怨天尤人之外，再不会得到什么！

**成王败寇，
有所谬误。**

古来，胜者为王，败者为寇，几欲被世人奉为圭臬，视作公理。而吾今思之，深以为其中有所谬误也。

胜者为王，败者为寇！一向为败者用于自嘲，自宽，甚或自欺欺人罢了。似乎有此慨叹，败便可不必以败为耻！

实则，决为王为寇，不在胜败之后，而在胜败之前。胜者为王，应改为王者必胜！败者为寇，应改为寇者必败！古来败者每以成王败寇之谬误误人，堪称害人不浅！

自古以来，胜者为王，败者为寇，几乎被世人奉为圭臬、视作公理了。而我今天思考这个观点，深以为其中是有所谬误的。

胜者为王，败者为寇！一向是失败者用来自嘲、自宽，甚至自欺欺人的借口。似乎只要有了这句慨叹，失败者便可以不必为失败感到羞耻！

其实，决定是王还是寇，并不是在胜败之后，而是在胜败之前。胜者为王，应该改为王者必胜。败者为寇，应该改为寇者必败！自古以来失败的人总以成王败寇的谬误来误导人，堪称害人不浅！

**看富有如贫，
待卑微似尊。**

看富有者，能视之如贫；待卑微者，可敬之似尊；临强霸者，能藐之如草；对弱小者，可待之如亲；居喧嚣处，能当之如静；处繁华中，可淡之若素！人能至此，亦可谓之大丈夫矣！

　　对待富有的人，能够将他们视如穷人；对待卑微的人，可以将他们敬如尊者；面对强霸的人，能够藐视他们如草芥；对待弱小的人，可以将他们等同亲人相待；身居喧嚣的环境，能够将之当作安静之所；处在繁华之中，可以对繁华淡然若素！一个人如能做到这些，也可以称之为大丈夫了！

**观天下书，
阅世间人。**

古人有云："观天下书未遍，不得妄下雌黄。"吾谓："阅世间人尚少，何以轻言人情？"想那天下之书，浩如烟海，如何遍观得来？但能多一册是一册，观之愈多，见识愈广，则可免言之无物，信口雌黄。书宜多观，阅人亦然，想那世间人情，不阅人无数又何以识之？不识之，又更何以轻言之？是以，观书阅人，不够勿语也。

古人有句话："没有读遍天下的书，就不要随意校改别人的文章。"我说："阅人还少，凭什么轻易去说人情？"想那天下的书浩如烟海，怎么可能都读得完？但能多读一本是一本，书读得越多，见识就越广，就可以避免言之无物，随意下结论。书应该要多读，阅人也一样，想那世间的人情，如果没有阅人无数又怎么可能认识它？不看清人情凭什么轻易去谈论它呢？所以，如果读书和阅人都做得还不够，就不要轻易说话。

人心如原草，四人务识别。

古人有训："人心如原草，良莠俱生。去莠存良，人皆可为尧舜；良灭莠生，人即为禽兽。"吾每念及此，无不惶惶然，深恐此心把持不慎，而致品行不端。

吾又细思世人有四类，其心颇异常人，属不可救药，故务必慎加识别对待，可免临事追悔。四类者：

一，贪婪者，无有知足，而不知足非关得多得少，甚至越多越贪。

二，忘恩者，不懂感恩，而不感恩非关恩深恩浅，甚至越深越忘。

三，寡情者，不知惜情，而不惜情非关情重情轻，甚至越重越弃。

四，怨世者，不会自省，而不反省非关公平与否，甚至越公越怨。

释义

　　古人有训示："人心就像那原草一样，好坏都有。如果能够把莠草除掉只留下良草，那么每个人都可以成为尧舜；反之，如果把良草除掉而只留下莠草，那么人就变成了禽兽。"我每每想到这里，心里难免惶惶难安，生怕自我把持得不够慎重导致品行不端。

　　我又细想有四类人和常人颇有差异，他们属于不可救药的人，所以务必要慎重加以识别及对待，那样就可以避免在遇到事情时追悔莫及。这四类人就是：

　　一，贪婪的人，不会知足，而不知足并非与得到多少有关，甚至得到越多反而越贪。

　　二，忘恩的人，不懂感恩，而不感恩并非与所接受的恩惠深浅有关，甚至恩惠越深反而越会忘恩。

　　三，寡情的人，不懂得珍惜情义，而不珍惜情义并非与所拥有的情义轻重有关，甚至情义越重反而越会放弃情义。

　　四，怨世的人，不会自我反省，而不反省并非与所得到的待遇是否公平有关，甚至待遇越公平反而越怨恨。

**君子志气，
隐而慎发。**

人而立世，同行者多，始终者少；同乐者多，共患者少；同声者多，共鸣者少；同气者多，肝胆者少。究其根源，古人所云："知我者，二三子也。"是以，人之志气，不必天下皆知，知亦枉然。

古人有训于此："君子有高世独立之志，而不予人以易窥。有藐万乘却三军之气，而未尝轻于一发。"

人生在世，与你同行的人会比较多，但能始终相随的却很少；与你同乐的人会比较多，但能共患难的却很少；与你同声的人会比较多，但能产生心灵共鸣的却很少；与你同气的人会比较多，但能肝胆相照的却很少。究其根源，就像古人所说的那样："能真正认识我的，这世上也就两三个人罢了。"所以，一个人的志向和气概，不必让天下的人都知道，就算知道了，也是枉然。

古人有这样的训示："君子有超凡出众、巍然独立的志向，但不轻易让别人看到。有藐视、斥退千军万马的气概，但不轻易表现。"

无声无息，雷霆万钧。

能知足，反有大进取！太贪婪，反多毁前程！至静者，多能生大动！夫君子，隐则无声无息，出则雷霆万钧！止则心如木石，进则风云变色！

做人能知足，反而能够有大的进步！为人太贪婪，反而多毁了前程！特别安静的人，往往能爆发出大的力量！一个君子，隐藏自己的时候就会无声无息，而一旦出动就会雷霆万钧！停止的时候就会心如木石，进取的时候就会风云变色！

戒急用缓，顺逆不惊。

今日当下事，明日过去时，处之宜戒急用缓。此局之胜败，他局或易位，处之宜顺逆不惊。

今天正在发生的事，到了明天就成为过去，所以处理事情时，应该戒掉急躁而采用缓和的方式。这一局的胜败，在其他局可能倒转过来，所以无论顺逆，都不必惊慌。

克己恕人，
修炼大端。

世人临艰难而不退，受威逼而不屈，面诱惑而不动，此数者，皆难而不难。最难者，在克己恕人也。孔子以万世师表之尊，集天下学问之大成。然曾子有云："夫子之道，忠恕而已矣。"可见恕之不易。

世人在面临艰难时不后退，在受到威逼时不屈服，在面对诱惑时不动摇，这几方面都很难做到，但都还不算最难。最难的是克制自己而宽恕别人。孔子以万世师表之尊，集天下学问之大成。然而曾子说："孔子的学问，体现在忠义和宽恕而已。"可见要做到宽恕不容易。

富贵之本，贫贱之根。

心存厚道是富贵之本，居心不良是贫贱之根！世人皆欲图富贵而去贫贱，却罕知一切在心，心即福田。是以虽各呈伎俩，求朝夕发达，然终多是难以如愿，纵暂时有得，每得而复失，难以长久！

福田在心，耕田在人。各田各耕，各种各收。

心存厚道，这是获得富贵的根本；居心不良；这是变得贫贱的根源！世人都希望能够获得富贵而远离贫贱，却很少知道一切都和心有关，心就是福田。因此，虽然有的人用了各种花招去追求发达，然而终究是难以如愿的，纵使有所得，往往也会得而复失，难以长久！

福田就在心上，耕田就在于人。各人的心田各人耕种，各人耕种则各有收获。

凤凰之鸣，
雄狮之出。

凤凰不与寻常之鸟争鸣，然其鸣则天下百鸟失声。
雄狮不与普通之兽争地，然其出则天下莫非王土。
大丈夫当如凤凰之鸣，雄狮之出也！

  凤凰不去和寻常的鸟争鸣，然而它鸣叫的时候所有的鸟类都显得哑然失声。雄狮不去和普通的野兽争地，然而它所到之处就可能成为它的地盘。

  大丈夫就要像凤凰鸣叫和雄狮出行一样！

处穷不过俭，处富勿太奢。

君子之修，处穷不必过俭，处富勿得太奢。处穷过俭则有吝气，处富太奢则生糜气！吝糜二气之于君子，皆非可取！

处穷过俭，必难为富。处富太奢，必又返穷！有世人，穷则吝啬，富则糜烂，此无节操者也，更遑论君子！

君子的修养体现在：贫穷的时候，不必过于节俭；富有的时候，不得太过奢侈。处于贫穷的时候，如果过于节俭，就会有吝啬之气；处于富有的时候，如果太过奢侈，就会生糜费之气！无论是吝啬还是糜费，对于君子而言都是不可取的！

在贫穷的时候却过于节俭，也难以变得富有。在富有的时候太过奢侈，必然又将返回贫穷！有的人穷了就吝啬，富了就糜费，这都是没有气节和操守的人，更不能称作君子了！

退而思进，天下莫阻。

人生之路，不唯一味勇闯为好，还宜不时退而思进。犹如蛟龙出海，先潜而后飞，又如猛虎下山，先伏而后跃。龙虎一击而天下莫可阻也！

人生之路，不只是一味勇往直前才是好的，还应该不时退而思进。就如同蛟龙出海那样，它先潜下而后飞起；又如同猛虎下山那样，它先伏下而后跃起。龙虎出击之势，没有什么可以阻挡得了！

为人无多方，和善则足矣。

世人讲究为人处世，好寻各种方法技巧，甚或研究兵书，学以致用，阴谋阳谋，不一而足。然，诸如此类终属舍本逐末也。本者何在？和善而已！人而立世，但能和善待人，余皆可抛，否则纵有千般奇巧，八面玲珑，终将自失于人。

 释义

世人讲究为人处世，喜欢寻找各种方法和技巧，甚至研究兵书，学以致用，各种阴谋阳谋，不一而足。然而，诸如此类的做法终究是舍本逐末。那么本在哪里呢？为人处世的根本，就是和善！人只要能做到和善对待他人，其他的方法都可以抛掉，否则纵使有千般技巧，八面玲珑，终究还是得不到他人的认可。

天下学问，天道人心。

天下学问多乎哉？其浩如烟海，横无际涯，人之所知，仅沧海一粟而已。是以庄子叹曰："吾生也有涯，而知也无涯。"天下学问少乎哉？其唯天道人心而已。倘识得天道，读透人心，则天下学问，尽收囊中矣。然古来天道难识，人心难读，故而天下学问，虽多实少，虽少实难也。

 释义

　　天下的学问多吗？它们浩如烟海，横无际涯，人们所知道的往往只是沧海一粟而已。所以，庄子就叹息道："我的生命有限，而学问却无限。"天下的学问少吗？它们只是规律和人心而已。如果能认识到规律，读透了人心，那么天下的学问就尽收囊中了。然而，自古以来规律难以总结，人心难以读懂，所以天下的学问虽然很多其实却又很少，虽然很少其实却又很难。

**常怀愉悦之心，
此是福气之门。**

人生旅途，每有得失、顺逆，难免悲欢、爱憎。然若能不问境遇而常怀愉悦，则福气临门，逢凶化吉。

世人顺则易悦，逆则难欢，难在不识逆中有顺，危中有机，苦中有乐也。识之，则无论逆危困苦，皆愉悦不改，则自有一生顺畅。

释 义

　　人生旅途中，每有得失、顺逆，难免产生悲欢、爱憎的情绪。然而如能做到无论处于何种境遇能时常保持愉悦，那么就会福气临门，逢凶化吉。

　　世人在顺利时就容易心情愉悦，在不顺时就很难快乐，难就难在没认识到逆中有顺，危中有机，苦中有乐。如果认识到这一点，那么即使身处逆危困苦，内心都愉悦不改，自然就会一生顺畅。

行天下之志，有花月之闲。

古人论君子之道，洋洋万言。吾谓，君子也，处局限之地而有千里之见；居富贵之乡而有怜贫之心；持无争之锋而有韬光之忍；行天下之志而有花月之闲！

　　古人谈论君子之道，洋洋万言。我认为，作为一个君子，置身于有局限的地方，却有千里之外的远见；身居于富贵的生活，却有怜悯贫苦之人的善心；拥有无以争锋的锋芒，却有收敛光芒的隐忍；在践行夺取天下的志向时，还有赏花弄月的闲情！

合道则有，背道则空。

人各有其图，天予各得其所！人者，有其欲也；天者，有其道也。人之欲合乎天之道则有，人之欲背乎天之道则空。

 释义

人们总有各种各样的追求，也的确各有所得！人是有欲望的，但是也有规律存在。人的欲望如能够合乎天道，就能实现。人的欲望与天道背道而驰，就会梦想成空。

人生三大恩，知恩要图报。

人生三大恩：一则养育，二则教育，三则知遇。大恩不回报，小恩更莫提。今人每高呼感恩，多属口号而已。

人的一生，主要有三大恩情：一是父母养育之恩，二是老师教育之恩，三是贵人知遇之恩。大的恩情都不去回报，小的恩情就更别提了。现代人每每高呼感恩，事实上多数是喊口号而已。

人生两难处，做人之大端。

人生两难处：一在放下难，二在拒绝难。放下难者，多因心有不舍，于名于利于情皆然。

拒绝难者，多因不忍拂人意，更有甚者宁自吃亏亦不拒人。

知此两难，而能谅于人，实是做人之大端。既知难以放下，见有放不下者予以理解；既知拒绝难，则宜设身处地，将心比心，勿轻易求人！

释义

人生之中有两大难处：一是难以放下，二是难以拒绝别人。放下难，大多是因为心里舍不得，对于名，对于利，对于情都是这样。

拒绝难，大多因为不忍心违逆别人的意愿，更有的人宁愿自己吃亏也不拒绝别人。

知道这两大难处，而能体谅别人，这是做人的重要原则：既然知道难以放下，见到有人放不下，应该给予理解；既然知道拒绝难，就应该设身处地，将心比心，不要轻易开口求人！

事勿多虑，至诚而已。

为人行事，贵以用心至诚，而非多思多虑。世人每诚心不足，而思虑有余，是本末倒置，故事倍功半，功败垂成。

天下大学问，不在其巧，而在其真。非诚无以致真。《礼记》有云："诚者，天之道也，诚之者，人之道也。"

事能至诚，则自得其真，自得其法，自有其成。

 为人行事，贵在投入最大的诚心，而不是多思多虑。世人每每投以诚心不足，而思虑却有余，这是本末倒置，所以造成事倍功半，功败垂成。

 天下的大学问，不体现在它有多么的巧妙，而要看它有多客观真实。没有诚心，就无法探究事物的根本。《礼记》说："诚实是天道，自己做到诚实是做人之道。"

 能投入最大的诚心做事，那么自然就能探究到事物的根本，自然就能找到把握事物的方法，自然也就能获得成功了。

守愚而乐，斯近道矣。

世人于智愚，每适得其反，智者每多忧，而愚者却常乐。究其缘由，盖因众之以为智者实则愚也，众之以为愚者实大智也。守众之以为愚者，而却众之以为智者，斯近道矣。

释义

聪明的人和愚蠢的人恰恰相反，聪明的人往往忧愁多，而愚蠢的人却能时常快乐。探究其中的原因，大概因为众人以为一个人是聪明的，其实却是愚蠢的；众人以为一个人是愚蠢的，其实却是聪明的。为人行事，要守住众人以为是愚蠢的，而拒绝众人以为是聪明的，这样做就比较合乎道理了。

天下之事，静心度之。

天下事，为之热血沸腾不难，为之心灰意冷更易，唯静心度之难！

天下的事，为了它而热血沸腾不难，为了它而心灰意冷更容易，唯独为它静下心来仔细衡量却很难！

**一傲一怨，
　人生毒药。**

千般功劳抵不过一个"傲"字，一傲便前功尽失。
万般情义抵不过一个"怨"字，一怨便情义全消！

　　千般的功劳，抵消不了一个"傲"字，人一旦骄傲了，之前的功劳就会消失。

　　万般的情义，抵消不了一个"怨"字，人一旦心怀怨恨，之前的情义就会全部消失！

**真假好汉，
大事考验。**

识人之道虽万千条，然唯临大事，方可分辨真假好汉！假好汉，平日信誓旦旦，舍我其谁，然大事当前却一触即溃，望风而逃。真好汉，纵天塌地陷，千难万险，亦挺身而出，迎难而上，奋力一战。

识别人的方法虽然非常多，然而往往只有在面临大事的时候，才能分辨出真假好汉！假好汉平时信誓旦旦，一副舍我其谁的样子，然而到面临大事的时候却一触即溃，望风而逃。而真好汉纵使面临天塌地陷，千难万险，也会挺身而出，迎难而上，奋力一战。

天顺人和，立身无忧。

人生在世，为人行事，其中学问虽多，归纳不外"天顺人和"。得天顺人和，则诸事可为。

天有天道，人有人道，人而立世，上得天道则天从人愿，下得人道则人从我心。欲得天道以顺之，欲得人道以和之。一顺一和，上下可以，则立身无忧矣！

为人行事的学问虽然有很多，但归纳起来不外乎就是"天顺人和"而已！如果能够做到天顺人和，那么很多事都可以去做了。

天有天的道，人有人的道，人能够做到符合规律，就会如愿；能够做到符合人道，那么他人就顺从自己。顺应天道、与人和睦，做到了一顺一和，那么对于成功立身也就没什么可忧虑的了！

取吾所有，分毫莫贪。

孟子曰："非其道，则一箪食不可受于人；如其道，则舜受尧之天下，不以为泰。"苏轼曰："苟非吾之所有，虽一毫而莫取。"两先哲之说，金玉良言也。非义不取，非道不受，非己不纳。财物如斯，地位如斯，功名如斯，取吾所有，分毫莫贪。人生得失，宜慎之又慎。

孟子说："如果不合理，则一小竹筐的食物也不能接受别人的；如果合乎于理，则像舜接受尧禅让天下也不过分。"苏东坡说："如果不是我应该拥有的，哪怕一毫那么微小的东西也不去拿。"这两位先哲的说法，真是金玉良言呀。不义的东西不取，不合理法的东西不接受，不属于自己的东西不接纳。对待财物是这样，对待地位是这样，对待功名也是这样，只拿属于自己的，不贪图分毫。人生的得失，应该在这方面做到慎之又慎。

**功而弗居，
衰荣相随。**

功者，人之大企图也，所谓建功立业，人人无不欲得之而后快。然而，世人于功，多只识得其中有那荣华富贵，而不知其中更藏着百般凶险。《道德经》有言："功成而弗居。夫唯弗居，是以不去。"古来因居功而遭殃者，比比皆是。功者衰荣相随也，智者宁不慎之？

 释义

人们都希望有功业，所谓建功立业，当然让人感到快乐。然而，世人对于功业，大多只认识到其中有荣华富贵，而不知道隐藏着百般的凶险。《道德经》说道："有功劳而不居功，因为不居功，所以功劳才不会被抹杀。"自古以来因为居功而遭殃的人比比皆是。功劳是衰荣相随的，明智的人难道不应该慎重看待功劳吗？

人际三鉴，原形毕露。

人际三鉴：别情义于缓急，辨忠奸于公私，验操守于独幽。真情者，急人之急，假意者，人急我缓；忠义者，公大于私，奸佞者，私甚于公；高尚者，不欺暗室，卑劣者，独即现形。

人际交往中要鉴别三个重要的方面：识别情义在于态度缓急之间，分辨忠奸在于公私取舍之间，考验操守在于独处时的表现。真情的人能急人之急，假意的人人急我不急，忠义的人公大于私，奸佞的人私大于公，高尚的人在没有人看见的地方也能始终如一，德行卑劣的人一旦独处就会原形毕露。

疑人源于疑己，信己方可信人。

为人处世，每临信疑难决。信疑决断妥否，前提在识，而世人于识，多务外方，而不知自识亦甚重要。自识之道，吾有所悟："疑人源于疑己，信己方可信人。"

为人处世，时常面临着在信任和怀疑二者中进行决断，而把握妥当与否，决断关键在于对事物的认识。而世人在这方面，常更用心地去认识外在的东西，而不知道认识自己也很重要。关于认识自己，我有这样的感悟："怀疑别人的根源在于怀疑自己，相信自己才有可能真正相信别人。"

择交以品，来去从容。

今人交友，每初则皆欢喜，而终则多相怨，何以至此？是不知择交以品为重也，该先立标准，达标则交，不达则弃。

人而择交，每有初交尚有品，而后又变质者。究其原因大致有二：一在识人于初眼力不够；二在天地万物皆在变化，人亦如此。是以，择交之时，识人务提高眼力，而变质则当弃之。

是以，倘能择友以品，则从容自在。

现代人交朋友，每每刚开始的时候皆大欢喜，而随后就开始相互抱怨。怎么会这样呢？那是因为不知道择交要以人品为重，应该先设立一个人品的标准，达标的人就交往，不达标就放弃。

人们选择他人来交朋友，有的人刚开始的时候人品还好，而渐渐地又变了。究其原因，大致有两个：一是当初看人的眼力不够好；二是天地万物都在变化，人也是会变的。所以，择友的时候，务必要提高看人的眼力，而一旦人品变了，对于这样的人就可以放弃了。

所以，如果能做到择友时以人品为重，那么内心就很自在了。

战战兢兢，善始善终！

风起于青萍之末，浪成于微澜之间！夫君子，见微知著，防微杜渐，战战兢兢，善始善终！

大风都是从青草尖尖的微风开始，大浪都是从微小的波澜间产生！作为一个君子，要能做到见微知著，防微杜渐，随时战战兢兢，才能善始善终！

**浓烈厚重多反复，
人间有味是清欢。**

苏轼《浣溪沙·从泗州刘倩叔游南山》有句："人间有味是清欢"。此句颇具哲理，令人回味无穷，用之于为人处世亦何其恰当。

世人皆爱情谊浓烈厚重，而后却淡漠轻薄，让人难以承受。古人有语："君子相交淡如水"，岂非高论？是知，浓烈厚重多反复，人间有味是清欢。

 释 义

苏东坡的《浣溪沙·从泗州刘倩叔游南山》中有一句话："人间有味是清欢"。这个句子很有哲理，令人回味无穷，用它来指导为人处世也是十分恰当的。

人们往往都喜欢情谊浓烈厚重一些，而偏偏浓烈过后，多转化为淡漠、轻淡，让人生难以承受。古人有句话："君子相交淡如水"，这难道不正是为人处世的高论吗？从这里知道，浓烈、厚重的情谊多容易反复不定，人间真正有味道的是清淡的欢愉。

患无所予，士以弘毅。

子曰："不患人之不己知，患其不能也。"吾受启发而得："不患我之无所得，患我之无所施也。"

天下事，有能成之，有不能成之，然士不可以不弘毅也。精诚所至，纵金石不开，死而无憾矣。

孔子说："不要担心自己不为人所知，而应担心自己没有才能。"我受启发而得出感悟："不要担心自己一无所得，而应担心自己没有给出什么。"

天下的事情，有的能够做得成，有的就未必，然而一个明事理的人，不能没有远大的志向和坚强的意志。诚心所到，纵然金石不开，也死而无憾了。

**立天下之大志，
交天下之豪杰。**

能成大事者，必有大气。能有大气者，必立大志。能立大志者，必怀大愿。能怀大愿者，必怀大慈悲！

大丈夫当立天下之大志，交天下之豪杰。

 释 义

能成大事的人，必然为人大气。为人大气的人，必然立有大志。能立有大志的人，必然怀有大愿。能怀有大愿的人，必然具有一颗大慈悲的心！

大丈夫要立下胸怀天下的志向，结交各领域的豪杰。

不患无所知，患行而不当。

世人不患无所知，而患知而后行，尤患行而不当。掘井九浅不如一深。世人于行，多败于此。

世人不用担忧不知道道理，而应担忧在知道了道理之后，如何加以应用实践，尤其担忧在实践中是否能够彻底地应用所知道的道理。挖掘九口浅井，不如深掘一口深井。世人在实践所知道的道理时，多失败在这个地方。

取信不易，坚毅守之。

取信于人，难也。失信于人，易也。有以其难而成之，却以其易而毁之。夫信，贵在有恒，非坚毅者，不足守之。

  取信于人很难，而失信于人却很容易。有的人好不容易取得别人的信任，却又以失信轻易毁掉这种信任。守信誉，贵在持之以恒，不是那些坚定而又有毅力的人，是很难做到的。

市恩图报，仅次负义。

为人可知恩图报，不可施恩图报，尤不可市恩图报。所谓市恩，将恩情售卖也，妄图施其一分，回报十成，斩获厚利。市恩者之卑鄙仅次于忘恩负义。

为人可以知恩图报，不可以施恩图报，尤其不能市恩图报。所谓市恩，意思是拿恩情来做买卖，妄图施恩一分，能得回报十成，获得丰厚的利益。市恩的人卑鄙无耻，仅次于那些忘恩负义的人。

君子小人，爱有所别。

曾子曰："君子之爱人也以德，细人之爱人也以姑息。"一德一姑，其爱天壤之别。

释义

曾子说过："君子爱人，就要成全别人的美德。小人爱人，却会迁就并姑息别人的错误。"一个是成人之德，一个是姑息其过，这两种爱有天壤之别。

慎始善终，临事三思。

唐司马子微《坐忘论》云："与其巧持于末，孰若拙戒于初？"此天下要言也。慎于始，故善于终！临事宁不三思？

 释 义

唐朝的司马子微在他的著作《坐忘论》中提到："与其在事情做完后为免于败露而想方设法掩盖，还不如一开始时宁愿守拙而不投机取巧吧？"这真是十分重要的一句话。在事情开始的时候能慎之又慎，所以能够最终有个好的结果。面对事情时，难道不应该三思吗？

立身三字，清慎勤也。

南宋吕本中有为官箴言："当官之法，惟有三事，曰清、曰慎、曰勤。知此三者，可以保禄位，可以远耻辱，可以得上之知，可以得下之援。"吕公之言，字字珠玑，精辟无双。虽称官箴，亦宜做人！得其三字，立身无忧也。

南宋吕本中的做官箴言是："当官的要诀，概括起来只有三个字，即清、慎、勤。把握住这三点，就可保住官职，远离耻辱，可以得到上司的赏识及下属的拥戴。"吕公的话，字字珠玑，精辟无双。虽然说是做官的道理，但也适用于做人！领会了他讲的这三个字的意思，立身处世也就没什么可担忧的了。

交友之道，无欲为上。

古人云："白发如新，倾盖如故。"今人则酒酣似故，而酒醒又新。

交友之道，无欲为上。今人之相交，多怀目的，欲有所图，是非交友而交易，有违友道矣。

古人说："有的人相处到老却还是感到陌生，而有的人即使刚刚认识，却好像已是多年的老友。"而当今的人们，则往往在酒酣耳热之际似是故交，而当酒醒之后却又似刚刚相识。

交友之道，以不抱有目的为上。而当今人们交往时大多怀有目的，都希望图得什么，这并不是在交友而是在做交易，这是有违交友之道的。

戒除贪婪，自得安乐。

为官戒贪，做人亦然。贪则卑，廉则刚。贪于权，则卑于权；贪于财，则卑于财；贪于名，则卑于名；贪于情，则卑于情。但有所贪，必有所卑。与其卑下而有所得，勿宁刚正而有所失。

当官要戒贪，普通人也一样。人一旦起了贪心，就会卑微，只有廉洁的人才能刚正。贪于权力，就会在权力面前卑微；贪于钱财，就会在钱财面前卑微；贪于名声，就会在名声面前卑微；贪于情色，就会在情色面前卑微。只要有所贪，就必定会卑微。与其卑下而有所得，宁可刚正而有所失。

求予之间,做人得失。

求人殷勤,予人怠慢者,必被疏远,疏则日孤,终不可为。予人殷勤,求人慎行者,必被尊敬,敬则日重,终大可以。

释义

求助于人时巴结讨好,而给予人时却很冷淡,这样的人会日渐被人疏远,甚至被孤立,终将一事无成。帮助别人时,热心诚恳,而遇到困难时却不轻易开口,这样的人将日渐被人尊敬、被人倚重,终可大有作为。

人生三怕，时时自醒。

吾平生胆大，少有顾忌，唯有"三怕"：一怕占人便宜而不自知；二怕辜负于人而有负所托；三怕不能体谅于人而让人为难。

我平生胆大，做事很少有什么顾忌，唯独在三个方面会感到害怕：一是怕自己占了别人的便宜却还不知道；二是怕自己辜负了别人的信任，有负所托；三是怕自己不能体谅别人而让人感到为难。

非常商道

自身
修为篇

读书明理，君子之修。

《曾国藩家书》云:"凡人多望子孙为大官，余不愿为大官，但愿为读书明理之君子。勤俭自持，习劳习苦，可以处乐，可以处约，此君子也。"

《曾国藩家书》中有一句话:"一般人都希望自己的子孙能当大官，而我不愿意他们当大官，但愿他们能成为读书明理的君子。保持勤劳和节俭，不怕劳苦，可以创造稍好的条件，也可以身处比较俭约的环境中生活，这就是君子了。"

忘怨记恩，稍可免俗！

古人云："恩习久则愈忘，怨习久则愈积。"此人之常情也。欲有所立，应逆此常情忘怨记恩，则纵不至圣贤，亦稍可免俗。

 释义

古人说："受恩时间越久越容易忘记，怀怨时间越久怨恨越重。"这是人之常情。一个人要想有所建树，就应逆这一常情而为之，忘记怨恨、记住恩情，那么纵然做不到圣贤，也稍可免俗了。

心兴则兴，心衰则衰。

此心兴，则业兴。此心衰，则业衰！事业兴衰，关乎此心。万物兴衰，关乎此心。然而，心之兴也，何以兴之？

所谓心兴，乐观之心为兴，上进之心为兴，和善之心为兴，聪敏之心为兴！一人之心，乐观、上进、和善、聪敏，则心兴而事业兴，心兴而万物兴矣！

内心丰富了，事业就兴旺。内心沮丧了，事业就衰败。事业的兴衰，都和人内心的状态息息相关。万物的兴衰，都和人内心的状态息息相关。然而，怎样才能做到内心丰富呢？

乐观、上进、和善和聪敏反映了内心的丰富！一个人能够做到乐观、上进、和善、聪敏，那么就能够实现心兴而事业兴、心兴而万物兴了！

世之君子，志安天下。

夫君子之修，不止于温良恭俭让，犹在以天下为己任。

杜甫居茅屋中发愿："安得广厦千万间，大庇天下寒士俱欢颜。"范仲淹登岳阳楼发感慨："先天下之忧而忧，后天下之乐而乐。"顾炎武处战乱之中呼吁："天下兴亡，匹夫有责。"诸如此类，皆世之君子也！世之君子，志安天下！

君子的修养，不能只停留于温良恭俭让这几个方面，还应该以天下为己任。

杜甫居住在茅屋之中发出愿望："安得广厦千万间，大庇天下寒士俱欢颜。"范仲淹登岳阳楼发出感慨："先天下之忧而忧，后天下之乐而乐。"顾炎武处在战乱之中发出呼吁："天下兴亡，匹夫有责。"诸如此类，这些人都是世上的君子！世上的君子，他们的志向都在于安定天下！

用心二字，君子用之。

天下事之成败，其关键者系于一心。心到始力到，力到始事成。人生犹如战场，若不甚用心，只图侥幸，岂可长久乎？

用心二字，立身处世之宝，杀敌制胜之剑！君子宁不思之？

天下事的成败，其关键的因素和人心有关。做事的时候心到了，力才能到；力到了，事才能成。人生就像是一个战场，有的人做事不用心，只抱着侥幸的心理蒙混过关，这可能长久吗？

用心是在世上立身处世的法宝，杀敌制胜的剑！君子难道不该好好体会这两个字的含义吗？

举凡大人物，必有大担当。

举凡世上之大人物必有大担当，大担当者必有大隐忍，大隐忍者必有大格局，大格局者必有大修养，大修养者必有大善良！

凡是大人物，必然有大担当；而能够有大担当的人，必然做到大隐忍；能够做到大隐忍的人，必然有大格局；能够具有大格局的人，必然有大修养；能够具有大修养的人，必然有大善良！

**善恶自受，
莫问知否。**

行善作恶，全在自己消受，与他人知或不知大抵无关。

夫君子，不图有人知而行善，亦不因无人知而作恶。

 释义

　　做善事和做恶事，结果都是自己去承受，和别人知道与否通常是无关的。

　　作为一个君子，不图有人知道而去做善事，也不因没有人知道就去做恶事。

才不足恃，德量为高。

古人论人才，大抵有四：德量为上，气节次之，学术又次之，才能再次之。正所谓：才能不如学术，学术不如气节，气节不如德量！

故而，人生修炼，德量不可不养，气节不可不立，学术不可不勤，才能不可不勉！

今人偏重才能而疏于其他，就人才而言，偏才而已！才不足恃，德量为高！

古人评价人才，大致说来有四个方面：有道德和有胸襟为上，有气节次之，有学术又次之，有才能再次之。正所谓：一个人的才能高，不如在学术上有建树；在学术上有建树，又不如为人有气节；为人有气节，又不如讲道德和有胸襟！

所以，人的自我修炼，不能不去培养道德和胸襟，不能不去坚守气节，在学术上不能不勤奋，在才能上不能不去努力提高！

现在有人看人偏重于才能，而不太重视其他方面。就人才的标准来看，只不过是仅有才能而已！有点才能不足以作为倚仗，讲道德和有胸襟的才是高级的人才！

破山中贼易，破心中贼难。

"破山中贼易，破心中贼难"，语出《王阳明全集·与杨仕德薛尚谦书》。明朝正德十三年正月，王阳明于进剿暴动山贼之前，曾致信其弟子薛侃曰："某向在横水，尝寄书仕德云：'破山中贼易，破心中贼难'。区区剪除鼠窃，何足为异。若诸贤扫荡心腹之寇，以收廓清之功，此诚大丈夫不世之伟绩。"

王阳明堪称五百年一出之圣人，其语直指要害，振聋发聩。

心贼之难破，难在贼我一体，破贼即破我，难免自我偏袒，难以下手，罕有成效。历来圣贤之所以为圣贤，皆于自破自救，痛下杀手，致有心贼破而圣贤立。唐高僧黄檗禅师有诗句："不经一番寒彻骨，怎得梅花扑鼻香？"吾套用其语，叹曰："未经挥刀自破贼，哪来脱胎换骨人？"

释义

"破山中贼易，破心中贼难"，这句话出自《王阳明全集·与杨仕德薛尚谦书》。明朝正德十三年正月，王阳明在进剿暴动的山贼之前，曾写信给他的弟子薛侃（字尚谦），信中说："我之前在横水，曾经给杨仕德写了封信，信里说过，'消灭山里面的贼容易做到，而消灭心里面的贼却很难'。铲除像老鼠一样的山贼，只是区区小事，不足以对此有任何的惊异。如果诸位贤良的友人们能够扫荡内心里面的贼寇，以取得廓清心灵的效果，那这就真是大丈夫在世上难得一见的最伟大的功绩了。"

王阳明堪称五百年才出现的一个圣人，他的话直指要害，振聋发聩，让人无法不去深入思考。

心贼之所以难破，难在心贼和自我本身是合为一体的，破除心贼也即意味着突破自我，所以就难免自我偏袒，难以下手，从而很难见到成效。历来圣贤之所以为圣贤，都是在于自破自立，痛下决心打破自我束缚，从而做到破除心贼并逐渐成长为圣贤。唐代的高僧黄檗禅师写过一句诗，意思是："如果不经过一番透彻骨头的寒冷，梅花又怎么可能散发扑鼻的清香？"我套用他的这句话，不由得感叹："一个人如果不自己努力破除心贼，又怎么可能取得脱胎换骨的进步呢？"

**穷弱富通，
识人之要。**

吾读古人观人学问，总结四要，可遍识天下：

穷而观其有所不受，弱而观其有所不为，富而观其有所不图，通而观其有所不越！

人能至此，斯可谓之有品矣！

 释义

我从古人观察、评判人的学问中总结出四大要领，可以识别天下所有的人：

穷困的时候看一个人是否能够做到有的东西不去领受；平凡的时候看一个人能否做到有些事情不去做；富有的时候看一个人能否做到有些东西不去图谋；通达的时候看一个人能否做到有些规矩不去逾越！

人能做到这样，才可以称得上是有品格的人！

心地坦荡，气机和畅！

据中医理论，气机不畅则百病滋生，气机和畅则百病尽消。可见，气机畅否与健康关系之大。

何谓气机？即气于人体中之运行也。运行顺利则为畅，运行不顺则为滞。引滞因素颇多，而七情之伤为其要害。七情者，喜、怒、忧、思、悲、恐、惊也。其过则伤气，以致气机不畅。如过思则气结，过恐则气下，过喜则气散。七情之伤，何以避之？心地坦荡最好！

心地坦荡则每临喜、怒、忧、思、悲、恐、惊皆可泰然处之，不至于过，不伤于气，故自然气机和畅，百病尽消矣。

根据中医理论，气机不畅就会滋生百病，气机和畅就会百病尽消。由此可见，气机和畅与否与健康的关系之大。

什么是气机呢？就是气在人体中的运行。运行顺利就通畅，运行不顺利就产生滞碍。影响气机的因素颇多，而七情之伤是其中最重要的因素。七情指的是喜、怒、忧、思、悲、恐、惊这七种情绪。这七种情绪一旦过激就会伤到气，以致气机不畅。比如，思虑过度就会气结，过于惧怕气就会下降，过于喜悦就会导致气散。怎样避开七情之伤呢？做到心地坦荡最好！

心地坦荡了，就会在面临喜、怒、忧、思、悲、恐、惊这七种情绪时，都能够泰然处之，不至于过分，也就不会伤到气，所以自然就会气机和畅，百病尽消了。

思能无邪，言行无碍。

子曰："《诗经》三百,一言以蔽之，曰：思无邪。"程伊川曰："思无邪者，诚也。"作诗思无邪，做人亦然。人能心诚无邪，则自能言不妄发，行不妄动。

释 义

孔子说："《诗经》中三百多首诗，用一句话来概括，就是思想纯正。"北宋理学家程伊川说道："思无邪，就是心怀诚意呀！"作诗要做到心里无邪念而怀有诚意，做人也应该这样。人如果能做到心怀诚意而无邪念，那么自然也就能够做到不乱发言，不乱行动。

**人生三戒，
君子三修。**

人生三大戒：一戒，德薄而位尊；二戒，智小而谋大；三戒，力小而任重！是以，君子欲得尊位，先厚其德；欲谋大事，先高其智；欲负重任，先强其力。

德厚，智高，力强，君子之三大修也！

 释 义

　　人生有三大戒：一戒德行太薄却享有崇高的地位，二戒智慧不够却想谋取很大的事业，三戒能力太低却要担当起重大的责任！因此，君子要想享有崇高的地位，就要先培养厚重的德行；要想谋取很大的事业，就要先增加自己的智慧；要想负起重大的责任，就要先提高自己的能力。

　　培养厚重的德行，增加自己的智慧，提高自己的能力，这是君子要修炼的三个主内容！

守住土气，弃之乖巧。

读书，须留点土气，土气里有真性情。行事有点傻劲，傻劲里藏真聪明。明代学者曹学佺有对联："仗义每多屠狗辈，负心多是读书人。"

 释 义

读书时，要留一点土气，土气里有真性情。行事时，要有一点傻劲，傻劲里藏着真聪明。明代学者曹学佺有一副对联，意思是："讲义气的人往往是那些贩夫走卒，而背弃信义的人多出自读书人。"

智者无心，
悟真之得。

世人每以心机为智，或深或浅，各呈伎俩，实是舍本逐末也。真智者，为人行事不甚刻意，更遑论心机，其但循道而为，依理而施，度情而行而已。古人所倡：与其练达，不若朴鲁。实悟真之得。

世人每每把心机当成智慧，人的心机深浅不一，各自施展伎俩，这实在是舍本逐末呀！真正有大智慧的人，为人行事不怎么刻意，更不用说是耍心机了。他们依循事物的规律来做事，根据做事的道理来发挥才干，揣度事物的情理来行事。古人曾倡导：与其精明老练，不如朴素鲁钝。这才是悟透了真理而得到的体会。

**人生富有，
人品高贵。**

人生之富有，富莫富过人品之高贵。人生之贫穷，贫莫贫过人品之低劣。

是而，纵家财万贯，若人品低劣，仍是贫；纵家徒四壁，若人品高贵，仍是富。

若人品低劣却欲图富有，此与缘木求鱼、水中捞月何异？

 释 义

　　人生的富有，再富有富不过拥有高贵的人品。人生的贫穷，再贫穷也穷不过人品太低劣。

　　一个人纵使有家财万贯，如果人品太低劣，仍然贫穷；而纵使家徒四壁，如果人品高贵，那么还算是富有。

　　世上有不少人人品低劣而又希望过得富有，这与缘木求鱼、水中捞月有什么不同？

五者成仁，仁者无敌。

仁乃儒家核心思想。倘问，仁字何解？大抵答曰："仁义，仁慈。"此解尚不全面。何以见得？

《论语·阳货篇》中，子张问仁于孔子。孔子曰："能行五者于天下，为仁矣。"请问之，曰："恭、宽、信、敏、惠。恭则不侮，宽则得众，信则人任焉，敏则有功，惠则足以使人。"

倘能将孔子之五者行于天下，则将真仁者无敌矣！

释义

仁是儒家的核心思想。假如这样提问，仁字怎么解释呢？人们大概都会回答："仁字的意思，就是仁义、仁慈。"这样理解不全面。何以见得呢？

《论语·阳货篇》中，子张向孔子问仁。孔子说："能够做到恭、宽、信、敏、惠五方面的人，就是'仁人'了。"子张再问具体所指。孔子说："恭敬，宽厚，诚信，聪敏，慈惠。待人接物恭敬有加，就不会招致别人的侮辱；为人宽宏大量、待人厚道，就会得到众人的拥护；诚信为人，获得信任，就会受到别人的任用；做事聪明而机敏，就会取得成绩；待人仁慈并乐于给人好处，就能够指挥别人。"

如果能够做到把孔子所讲的这五种品德都用于为人处世，那将真的是仁者无敌了！

勤苦不再，人生堪忧。

人生最大之资本，既非命运，亦非出身，更非学历、聪明、人脉等，而是勤苦二字。

勤者，勤奋也；苦者，艰苦也。人能勤奋不辍，艰苦不辞，则必命运为之改，事业为之成矣！

吾今事业未成，而身心却日益松懈散漫，好逸恶劳，畏苦怕累，勤苦不再，是以人生堪忧矣！

人无远志，必流庸俗；人无勤苦，大事何图？

释义

人最大的资本，既不是命运，也不是出身，更不是学历、聪明、人脉等东西，而是勤苦。

勤，就是勤奋；苦，就是艰苦。一个人如果能够持续保持勤劳，艰苦奋斗，那么必将改变命运，事业有成！

我如今事业并未成功，但身心却已日益松懈散漫，好逸恶劳，怕苦怕累，勤苦的精神不再有，已很令人担忧了！

一个人如果没有远大的志向，必将流于庸俗；一个人如果没有勤劳和艰苦奋斗的精神，又凭什么去图谋大事呢？

戒贪忏悔，终身受用。

才智再高，敌不过一个贪字，贪则利令智昏！过失再大，敌不过一个悔字，悔则失而复得！人生中，每贪不易戒，悔不易得，是以世人多挣扎于苦海。为人若能悟透贪悔二字，当可终身受用！

（人的）才智再高，也敌不过一个贪字，一旦贪心就会利令智昏！过失再大，敌不过一个悔字，人一忏悔就会失而复得！人往往不易戒掉贪心，不易忏悔，所以很多人在苦海之中挣扎。如果能够悟透贪悔这两个字，应该可以终身受用！

积德在先,纳福在后!

孔子有云:"为政以德,譬如北辰,居其所而众星共之。"施政如斯,做人何尝不然?为人以德,同样众星拱之。

德之要者如斯,又该何以修之,积之?

古之伦理纲常,虽有其糟粕,亦不乏其精华,堪当修德、积德准则。其要领者为:仁义礼智信,温良恭俭让,忠孝悌节勇,廉耻慎恕直。

仁者,心怀仁慈;义者,公正合宜;礼者,以礼相待;智者,智慧聪明;信者,诚实守信;温者,温和待人;良者,心地善良;恭者,恭敬有加;俭者,节约俭省;让者,谦逊退让;忠者,忠心耿耿;孝者,孝顺父母;悌者,兄弟友爱;节者,操守气节;勇者,勇气果敢;廉者,廉洁自律;慎者,慎重自恃;恕者,宽容待人;直者,为人正直。

以上二十字,行之守之,持之以恒,则德自修,德自积。修德、积德,则福气自随之而来矣!正所谓:积德在先,纳福在后!

释义

孔子说："当政者以德行来治理国家，就像北极星一样，安居其所，被其他的星辰拱卫。"施政是这样，做人何尝不是？为人以德，居其所而众星拱之。

既然德这么重要，那么又该如何修德、积德呢？

古人说的伦理纲常，虽有糟粕，也不乏精华，值得我们后人去学习传承，甚至堪当修德、积德的准则。归纳总结其要领为：仁义礼智信，温良恭俭让，忠孝悌节勇，廉耻慎恕直。

仁，是指做人要心怀仁慈；义，是指做事要公正合宜；礼，是指对人要以礼相待；智，是指为人智慧聪明；信，是指对人诚实守信；温，是指温和待人；良，是指做人心地善良；恭，是指待人恭敬有加；俭，是指生活节约俭省；让，是指对人谦逊退让；忠，是指对上忠心耿耿；孝，是指平时孝顺父母；悌，是指兄弟相互友爱；节，是指为人有操守气节；勇，是指做事正直果敢；廉，是指为人廉洁自律；慎，是指慎重待人待己；恕，是指能够宽容待人；直，是指为人正直淳朴。

以上二十个字，践行它们，守住它们，并持之以恒，那么品德自然就修炼出来了，积累起来了。修德、积德做到了，那么福气自然就会随之而来！正所谓：先把积德做在前面，再把纳福放在后面！

世路无坎坷，皆为成就人。

人生在世，难得一帆风顺，多有挫折起伏，每临之，无不感叹世路坎坷。每反思，似乎一切皆有安排，自有其理。纵观古来成败，大成者，必历大难，大败者，必出大逸。古人有："天将降大任于是人也，必先苦其心志……"确非虚言。是知，世路无坎坷，皆为成就人，智者宁不欣然受之？

 释 义

人生在世，很难一帆风顺，往往多有挫折起伏，每当遇到这种情况，人们无不感叹生活坎坷。每当回首反思时，又发觉似乎一切都是早有安排，并自有它的道理。纵观自古以来很多人的成败，凡是能够有大成就的人，必定也经历过大磨难。而有的人生之所以失败，多是因为太安逸。古人说："天将降大任于是人也，必先苦其心志……"这的确不是假话。通过这些道理我们可以知道，生活无所谓坎坷，那都是为了成就自己，聪明的人难道不应该欣然接受这些吗？

**苦乐相依，
深浅互赖。**

知至乐者，必经至苦。夫万物运行，不出阴阳。

古先哲庄子，以《逍遥游》名世，意极旷达自由，超凡脱俗，是知至乐最欢者也。而世人罕知，"夫哀莫大于心死，而人死亦次之。"亦出庄子笔端，是知至苦者也。苦乐相依，深浅互赖。

体验过最大快乐的人，必然经历过最大的苦楚。事物的变化发展，一概脱离不了正反两面。

古代的先哲庄子以写作《逍遥游》而闻名于世，这篇文章的意境极为旷达自由，超凡脱俗，由此看，庄子正是悟出什么是最大快乐、最大欢喜的人。世人很少知道的是，"一个人的悲哀，再大莫过于心死，而人死都比心死还差一些。"这句话也出自庄子之笔，显然他又是悟出最苦痛的人了。苦乐从来都是相互依存、相互依赖的。

和气致祥，不假外求。

世人为图好运吉祥，惯于向外求得。实则和气即可致祥也。倘为人无论顺逆，常持和气，则吉祥自来，不假外求。

然和气二字，看似简单，实践却难。和气之难，非止于勿生气，尤须克服以下三气也：一者，娇气；二者，傲气；三者，怨气。娇气则脆弱，难得平和；傲气则凌人，不免失众；怨气则伤信，信失而和止。三气皆致失和，有损和气，终让吉祥远离自身也。

世上的人们为了追求好运和吉祥，习惯于从外部去求得。其实，和气就可以获得吉祥。如果为人无论顺逆，都时常保持和气，吉祥就自会到来，不用去身外求得。

然而，和气这看似简单，实践起来却很难。和气之难，不仅在于不生气，尤其需要克服以下三气：第一种，娇气；第二种，傲气；第三种，怨气。人有了娇气就很脆弱，很难做到心中平和；人有了傲气，就会盛气凌人，不免失去众人的认可；人有了怨气，就会伤害别人对自己的信任，信任没有了，和气也就难以为继了。以上这三气，都会导致心中失去平和，有损于和气，最终让吉祥远离自己。

人生修炼，有无二字。

人生所苦所乐者，皆在有无二字。以故所修者，亦断不可离此二字也！日常所爱者，有则乐，无则愁。所恶者，有则苦，无则欢。

有无之修：有之宜当无以待，无之宜作有来看。如则，其爱者，不惧于失去，亦不愁于未得；其恶者，不苦于得来，亦不失警惕于所无！

　　人生的快乐和痛苦都与"有无"有关。所以，人生的修炼也绝对离不开这两个字。日常生活中，我们所喜爱的东西，有了就会快乐，而没有就会烦恼；我们所不喜欢的东西，有了就会痛苦，而没有就会快乐。

　　对于"有无"这两个字的修炼，应该要这样做：有的时候，宜当作没有来对待；没有的时候，宜当作已有来看待。如果能这样，那么对于所喜爱的东西，我们将不会在拥有的时候害怕失去，也不会在得不到的时候心生烦恼。而对于不喜欢的东西，我们将不会在有了的时候为之苦恼，也不会在没有的时候就失去警惕之心！

人生大惑，执悟而迷。

人生大惑者，不在执迷不悟，而在执悟而迷。前者迷而不悟，后者已悟还迷。悟而还迷者，心不由己也，身不由己也，所谓失魂落魄，皆用心过深，致有此失。呜呼！执迷，执悟，若两厢择其一，吾宁取前者，盖前者虽痛，而后者更甚。

人生的大迷惑，不在于执迷不悟，而在于执悟而迷。前者沉迷而不觉悟，后者已觉悟却还沉迷。已觉悟却还沉迷，那是因为心不由己、身不由己；所谓失魂落魄，都是因为用心过深，以致觉了悟却还不能自拔。唉！执迷不悟，执悟而迷，如果这两个非要选择其中之一，我宁愿选择前者，因为尽管前者痛，而后者却是加倍地痛。

观人自观，修行之道。

观人有其得，则引以为学；观人有其失，则引以为戒；自观有所长，则戒骄戒满；自观有所短，则重之补之。倘如此观人自观，则必日有所进，月有所得矣。是为修行正道。

反之，观人有其得，则妒之损之；观人有其失，则兴之乐之；自观有所长，则猖狂；自观有所短，则隐藏。倘如此观人自观，则必日有所退，月有所失矣！是为修行歪道。

观人自观，宁不慎之？

看到别人有做得好的地方，就要向别人学习；看到别人有做得不好的地方，就要引以为戒；自己发现自己的长处，要戒掉骄傲和自满；自己发现自己的短处，要引起重视并去弥补。如果这样去看待别人和自己，那么必然就会日有所进，月有所得。这就是修行的正道。

反之，看到别人有做得好的地方，就去妒忌并贬损别人；看到别人有做得不好的地方，就去幸灾乐祸；发现了自己的长处，就凭这点长处猖狂；发现了自己的短处，就将短处隐藏起来。如果这样去看待别人和自己，那么必然就会日有所退，月有所失！这就是修行的歪道。

如何看待别人和自己，难道不应该慎重吗？

心术无罪，言行无愧。

古来修行，重在两端：一者心术，二者言行。倘两端皆可，则纵未入圣，已别凡夫矣。

今录《钱氏家训》名句于此，其萃取精华，微言大义，尽得修行奥妙，宜引以自警，奉为圭臬。训曰：心术不可得罪于天地，言行皆当无愧于圣贤。

释义

自古以来讲修行的，偏重于两个主要方面：一方面是心术，另一方面是言行。如果这两个主要方面都做好了，那么纵使还未达到入圣的境界，也已经不平凡了。

《钱氏家训》中有一个名句萃取了修行的精华，微言大义，尽得修行的奥妙，适合拿来警示自己，并把它当作修行的准则。这个训词说道：一个人的心术不能有悖于天地良心，一个人的言行应当无愧于圣贤所倡导的道理。

君子九知，能有所为。

夫君子立世也，务必先有九知而后能有所为。

九知者：一知进退之机；二知战和之时；三知取舍之道；四知动静之变；五知真伪之鉴；六知正奇之用；七知义利之宜；八知先后之序；九知天人之合。

释义

作为一个君子要在世上立身，务必先要知道九个方面的道理，而后才有可能有所作为。

九个方面的道理，指的是：

一，要懂得把握进和退的机会；

二，要能够明了战与和的时机；

三，要懂得并遵循取舍之道；

四，要知道事物的动静变化规律；

五，要懂得如何分辨事物的真假；

六，要知道兵法各种招数的应用；

七，要把握好义与利的平衡得宜；

八，要知道做事需讲究先后次序；

九，要知道天人合一的道理。

君子十忌，自省自修。

孔子谓君子有九思，世人多知之，而荀子亦道君子十忌，却世人罕识也。吾每读十忌，见其精辟，莫不叹服。今录之于此，后宜遵行，一一对应，自省自修。

十忌曰：

快快而亡者，怒也；

察察而残者，伎也；

博而穷者，訾也；

清之而俞浊者，口也；

豢之而俞瘠者，交也；

辩而不说者，争也；

直立而不见知者，胜也；

廉而不见贵者，别也；

勇而不见惮者，贪也；

信而不见敬者，好专行也。

释义

孔子说过君子有九个方面的重要思考，这是世人大多都知道的，而荀子也说到君子有十个方面的忌讳，这却是世人很少认识到的。每当我读到君子十忌，感到其中的思想十分精辟，总是为之叹服。今天我把十忌记录在这里，以后应该遵照执行，一条一条地拿来对照自己的言行，进行自我反省，提高自我修养。

十忌是：

逞一时痛快而招致死亡，那是由于自己没能克制心中的怒气；

为人精明，却反而受到伤害，那是由于自己对别人怀有嫉妒心；

拥有渊博的知识，却还处境窘困，那是因为曾自恃有才而诋毁别人；

希望名声清白，然而名声却日益变差，那是由于自己言过其实；

以好酒好肉去结交朋友，然而友情却越来越淡薄，那是由于自己的交友之道有错；

能言善辩，然而却不能够说服别人，那是由于喜欢和别人争执；

做人正直，然而却得不到别人的认可，那是由于自己太好胜，盛气凌人；

有志气，有节操，然而却并不为人看重，那是由于自己常伤害别人；

为人很勇敢，然而别人却并不有所畏惧，那是由于自己贪婪好利；

做到了讲信用，然而却并不受到别人的尊重，那是由于自己独断专行。

激励不缺，思过勿惮。

世人能思过者少，多因不愿面对，羞于见闻。然古人云："人非圣贤，孰能无过，过而能改，善莫大焉。"又孔子高徒子路闻过则喜，尤值得我辈效法。思过勿惮，又何疑焉？

世人能静思己过的很少，原因大多是人们不太愿意去面对现实，羞于正视和听到自己的过错。然而古人说："人非圣贤，孰能无过，过而能改，善莫大焉。"另外，孔子的高徒子路每当听到别人说自己的过错就很高兴，这是尤其值得我们学习的。不必害怕反思自己的过错，还有什么可怀疑的呢？

君子三畏，不失君子。

《论语·季氏》篇载，孔子曰："君子有三畏：畏天命，畏大人，畏圣人之言。"吾每读之，颇受教益。

吾亦自有君子三畏之悟，稍别于孔子，谓之："畏天道，畏民心，畏天良。"何以解之？畏天道者，天有大道，周转不息，君子宜顺道而行。畏民心者，水可载舟亦可覆舟之理。畏天良者，内心有天良不可违之也。

倘此三畏皆守，则不失为君子也。

《论语·季氏》这个篇章里记载了孔子说的话："君子有三个方面的敬畏，一是敬畏天命，二是敬畏圣人，三是敬畏圣人的话。"每当我读孔子的君子三畏，都从中受到很大的教育。

我自己也有君子三畏的感悟，稍有别于孔子。我的君子三畏是：敬畏天道，敬畏民心，敬畏良心。怎样来理解呢？所谓敬畏天道，天道周转不息，君子应该顺着天道而行。所谓敬畏民心，就是指水可载舟亦可覆舟的道理。所谓敬畏良心，就不要违背良心做事。

这三个方面的敬畏都能坚守，这样的人才不失作为君子。

孟子四心，世多难及。

孟子曰："无恻隐之心，非人也；无羞恶之心，非人也；无辞让之心，非人也；无是非之心，非人也。恻隐之心，仁之端也；羞恶之心，义之端也；辞让之心，礼之端也；是非之心，智之端也。人懂四端也，犹其有四体也。"倘以孟子四心衡量世人，世人多难企及也。俗谓人心不古，修养身心，但向古人看齐，自必有所成。

孟子说："一个人如果没有同情心，不配做人；没有羞耻心，不配做人；没有谦让之心，不配做人；没有是非之心的，不配做人。同情心，是仁的开始；羞耻心，是义的开始；懂得谦让，是知礼的开始；懂得是非，是智慧的开端。一个人懂得仁义礼智，这就如同人有四肢一样的重要。"倘若以孟子所说的四心来衡量世人，那么大多难以做到。俗话说，人心不古，一个人修养身心，但凡向古人去看齐学习，就必定会有所成就。

**正心立纪，
大事可图。**

读朱熹给宋孝宗上疏，有云："天下之务莫大于恤民，而恤民之本，在人君正心术以立纪纲。"由此知，身为领导自正心术之必要。心术之正，何以达之？吾谓，一在正大无私，二在深明义理，三在闭塞邪路。心正而纪纲立，心邪则纪纲败，纪纲不立，大事休矣，宁不慎之又慎？

 释 义

读朱熹给宋孝宗的上疏，说道："治理天下之要，莫过于能体恤百姓，而体恤百姓之本，又在人君端正心术、树立纪纲。"由此而知，身为领导自正心术的必要。如何做到自正心术？以我看来，一在正大无私，二在深明义理，三在闭塞邪路。心正，纪纲就能立；心邪，纪纲就会败坏。纪纲不立，成不了大事，能不慎之又慎吗？

不求万事如意，但能平常就好。

世人互道祝福，每讲万事如意，其实人们一生之累，皆累在图如意上！盖因，如意之意者，欲也！所谓欲壑难填，如意岂易得之？倘若人人万事如意，则物极必反矣。

人生之美不在如意，而在平常！唯以如意是好，是舍本逐末也！眼前点滴，倘知珍惜，皆是幸福，平淡是真，平安是福，平和是美，人生常能如此，何必求他？

释 义

世人互相祝福对方的时候往往讲万事如意，其实人们这一生的苦累，都累在图谋如意上面！因为如意的"意"也就是指欲望呀！所谓欲壑难填，如意又怎么能轻易实现呢？倘若人人都能万事如意，那么可能要向相反的方面转化。

人生最好的东西不是如意，而是平常！人们以为只有如意才是好的，这是在舍本逐末呀！眼前的点点滴滴，如果懂得珍惜，那都是幸福。平淡是真，平安是福，平和是美，人生如果常常能这样，那又何必追求其他更多呢？

心灯如豆，长须呵护。

每人心中皆有一灯。心灯明则人清醒，心灯暗则人迷茫，心灯灭则人将陷行尸走肉矣。是以，心灯如豆，长须呵护。

然暗灯者何？灭灯者何？自然风雨不足惧，心中风雨难抵御。心中之风雨，即贪嗔痴也。欲而不过，戒其贪；忿而不偏，戒其嗔；爱而不执，戒其痴。贪嗔痴不犯，心灯可长明。

每一个人的内心里都有一盏灯。心灯明亮了，那么人就会清醒；心灯幽暗了，那么人就会迷茫；心灯如果灭掉，那么人生活在这世上将如同行尸走肉一样。所以，这大小如豆的心灯呀，必须得长期呵护。

然而，让心灯变为幽暗的是什么呢？让心灯灭掉的又是什么呢？自然界的那些风雨不值得害怕，而心中的风雨才难以抵御。心中的风雨，也就是贪、嗔、痴呀。有欲望但不过分，就戒掉了贪；愤怒时不过于偏激，就戒掉了嗔；心生喜爱但不过于执着，就戒掉了痴。如果贪、嗔、痴都不触犯，那么心灯就可以长明了。

顺道努力，事有天助。

遵友嘱，书"人生当努力，成事自在天"。书罢吾不禁多留意其中含义，忽而有所思，有所悟焉。

所思者，这世上付出努力者，不计其数，而每成者少，败者多，成败之间，岂全凭天意乎？又古语有云："谋事在人，成事在天"，果如此说，则人但尽人事，悉听天命即可，又何疑焉？

吾所疑：一疑者，人该如何努力？二疑者，何为天意，成事又如何在天？

今由疑而思，由思而悟："所谓天意，其非玄不可测，秘不可探，而其实出于道也。天有大道，周行不息，万物莫可逾越，人若能顺道而为，是事而易成。反之，人若逾越道，甚或背道而驰，则事必败矣。"

自身修为篇

释义

　　遵从朋友的嘱托，我写了"人生当努力，成事自在天"这幅字。写罢我不禁多留意了一下其中的含义，忽然就有所思考，有所感悟。

　　我所思考的是，这世上付出了努力的人多得不计其数，而往往能成功的人很少，而失败的人却很多。成功与失败，难道全凭天意来定夺吗？又有古话说："谋事在人，成事在天"，如果按这么说，那么人只要尽心努力，其他的都顺应天意就好了。这还有什么疑问呢？

　　我有所疑问：第一，人应该怎样去努力？第二，天意是什么？天意怎样来决定事情的成败呢？

　　今天由疑问而思考，由思考而有所感悟："所谓天意，它并非深奥得不可预测，神秘得不可探究，而实际上天意是出自于道。天地万物循环运行永不停止，万物都不能去逾越它。人如果能够顺应着规律去努力作为，那么自然就会得到嘉许，所谋的事情就很容易成功。反之，人如果逾越了道，甚或背道而驰，那么必将受到谴责或处罚，所谋的事情就必然失败。"

生命本身，自有高贵。

生命有高贵之处，人为万物之灵，尤其如此。纵不识万物，亦不可不识生命之高贵。此为尊严之根，亦为气节所系也。

每个生命都有它的高贵之处，人是万物之灵，尤其如此。即使对很多事物不够了解也应懂得生命高贵，这是人的尊严的根本，也与气节有关系。

**忍不如恕，
恕不如空。**

待人处世以忍为上，实则非上策也。忍则仍怀怨，怀怨则必自伤，故非上策。与其忍之，莫如恕之，恕人则心中无怨，且宽以待人则必于己而养德矣，故恕高过忍。然恕亦非最上，最上者空也。恕虽养德，然有则必惧其失，德亦概不例外。是以，与其恕之，莫如空之，空则无，无则了，了则有大安矣。待人处世之道，忍不如恕，恕不如空。

在待人处世上强调以忍为上，其实忍并非上策呀！忍的时候心里面还是怀有怨气，怀有怨气就必然会伤到自己，所以这并不是上策。与其对别人忍，不如宽恕别人。宽恕了别人，自己的心中就不会再怀有怨气，而且能够做到宽以待人，那么在自己的道德修养上也有所滋养。所以说，恕高过忍。然而恕也并不是最上策，最上策是空。恕虽然能滋养自己的德行，然而拥有了也就必然害怕失去，道德也同样不例外。所以，与其宽恕别人，莫如直接就看空别人，空就是没有，没有就可以了断，了断了就能让自己的内心得到最大的安宁了。待人处世之道，容忍不如宽恕，宽恕不如放下。

**顺逆在心，
强弱之节。**

人生之顺逆，在心而非境也。心顺则虽境逆，仍是顺。心逆则纵境顺，仍属逆。

据强而尤须容弱，此为胸襟之修。居弱而莫予屈强，此为气节之守。

释义

如何看待人生中的顺境和逆境，关键在于自己的内心，而不在于外部的环境。如果心气能够顺畅，那么就算外部环境不好，一切仍会顺利。如果心气不顺，那么纵然外部环境良好，眼前仍是逆境。

占据强势地位的时候，尤其需要包容弱者，这是胸襟的修炼。居于弱势地位的时候，不要屈服于强者的威胁，这是守住了气节。

人生真谛，朴素自然。

人生真谛，朴素自然而已，非有其他，所谓："道不远人也。"有学得方圆乖巧者，自谓得道，实者，道已远之矣。

人生的真谛，其实就是朴素自然而已，没有其他。所谓"真理从来没有远离人"，就是这个道理。有些人为人处世，学会了种种圆滑和投机取巧的方式，自以为合情合理，其实不是那样的。

静心之法，无私无欲。

静心之法，在去私，在熄欲，在淡物。无私则无挂，无欲则无扰，无物则无忧。

静心的法门在于去除私心，熄灭欲望，看淡事物。没有私心，就不会有无谓的牵挂；欲望少一些，内心就不会受到干扰；看淡了事物，就不会产生无谓的忧愁。

**持身恭敬，
　莫敢怠慢。**

修身千般法理，可归结恭敬二字。行事待人，莫敢怠慢，是谓之诚，是谓之真。至诚至真，则可成事立身。

修养身心的千万般方法和道理，归结起来就是恭敬二字。行事待人，不敢怠慢，这就叫作诚，这就叫作真。人如果能做到至诚至真，就会成就事业、立身社会。

天下之事,怕也不怕?

天下事,不怕其繁杂而怕吾粗心,不怕吾愚昧而怕吾偏见,不怕其道远而怕吾失慎,不怕其无功而怕吾心冷。

天下的事情,不怕它繁多杂乱而怕我做事时粗心大意;不怕我愚昧无知而怕我的观点有偏见;不怕前方的路有多遥远而怕我不能做到谨慎;不怕付出努力无功而返而怕我心灰意冷。

学古人修身，吾愧不能及。

古人修身，傲不可长，欲不可从，志不可满，乐不可极，吾引以自考，愧不能及。大丈夫立天下之志，当时时以此自警，或可免堕凡庸。

古人修养身心，强调不可滋长傲慢之心，不能放纵欲望，意志上不可自满，享乐不能过分。我拿这个标准来衡量自己，因做不到而深感羞愧。大丈夫既树立了大志向，就应该时时以这四点来警示自己。这样做或许能避免堕入平凡庸俗的境地。

做大丈夫，睥睨天下。

大丈夫必有洞悉世事之眼，睥睨天下之志，仁爱众生之心，正义伏魔之手！

大丈夫必知把天下之时，握天下之势，借天下之力，用天下之才，以成天下之大事！

大丈夫必然会有那洞悉世间事的眼光，傲视天下的志向，仁爱众生的心灵，正义伏魔的手段！

大丈夫必然知道抓住时机、把握趋势，借助各方的力量，用好人才，从而成就天下的大事！

大才谦谦，小才倨倨！

大才每谦谦，小才多倨倨！吾亦常有倨傲之心，自省后又惭愧不已！人生大病，只是一个"傲"字。戒骄去傲，务必终生不懈也！

有大才的人往往总是态度很谦逊，而仅有点小才的人却大多态度傲慢！我也常有傲慢的心，自己反省之后又惭愧不已！一个人最大的毛病就是骄傲。要戒掉骄纵、去掉傲气，务必终生都不能松懈呀！

人生挣扎，道欲之间。

《礼记·乐记》有云："君子乐得其道，小人乐得其欲。以道制欲，则乐而不乱；以欲忘道，则惑而不乐。"实是人生至理也。人之一生挣扎，总在道欲之间，更有沉欲其中而欲求道者，其何异缘木求鱼？思悟及此，不由大叹。

释义

《礼记·乐记》中说道："君子因学到道理而高兴，小人则因满足了欲望而快乐。以规律去制约欲望，就不会混乱；只知欲望而忘记规律，人就会迷惑、不快乐。"其实这是人生最重要的道理。人这一生，总在规律和欲望之间挣扎，更有那些沉迷于欲望之中却又想知晓事理的人，这些人的做法何异于缘木求鱼呢？想到这里，不由得大为感叹。

涵养之道，首在包容。

涵养，词典有多解，有谓滋润养育，有谓修养，有谓控制情绪功夫等。以我之见，涵养之义，关键于涵之一字。涵者，包容也。凡有弗我意，不顺我心，难入我眼者，即以排斥，即以批驳，甚而睚眦必报，痛加责骂以泄愤，此胸怀狭窄之徒，无有包容更遑论修养。是以，涵养之道当在拓宽胸怀，克制私愤为要！余皆次之。

涵养这两个字，在词典里有很多种解释，有的说是滋润养育，也有的说是修养，还有的说是控制情绪的功夫等。依我看来，涵养的核心意义体现在涵这个字上。涵，主要的意思是包容。凡违反自己的意志，不顺自己的心思，自己看不上眼的，就加以排斥、批驳，甚至极小的仇恨都要报复，痛加责骂，以来宣泄怨气，这样的人都心胸狭窄，没有包容心，更谈不上修养了。所以，保持涵养最重要的方面应该是培养自己宽广的胸怀以及克制私愤！其他的都是次要的。

**人生最贵，
赤子之心。**

人生之最贵者，一颗赤子心也。赤子之心，天生知义，不假外求。每人生历练，随见多识广，沾染亦深，不觉圆滑而赤心日淡，是似进而实退也。生而为人，宁义而无知，不可知而无义。

人最珍贵的是拥有一颗赤子之心。拥有赤子之心的人，天生就懂得仁义，不用外在求得。往往经过人生历练之后，随着见多识广，也会染上一些不良习惯，不知不觉地变得圆滑起来，而赤子之心却日渐淡漠。这看起来是进步了，事实上是退步了。生而为人，宁愿只懂得仁义而没有什么学问，也不能很有学问但不懂得仁义是什么。

宁静致远，淡泊为本。

古人有云："非宁静无以致远"，然而宁静之道何在？淡泊二字而已！

名利多不可久恃，过热衷终必失落。宁今日淡泊，免他日苦累，是为宁静之道也！

古人说过："做不到宁静，就无法实现远大的目标。"然而保持宁静的方法是什么呢？就在于淡泊而已。

大多情况下，不能长久地去依赖名利，对名利过于热衷，结果必然会失落。宁愿现在将它们看淡一些，以免有朝一日受苦受累，就是保持宁静的方法呀！

君子之操，贵在自持。

兰花，向称花中君子。源于北宋黄庭坚之《书幽芳亭记》，文曰："兰甚似乎君子，生于深山薄丛之中，不为无人而不芳，雪霜凌厉而见杀，来岁不改其性也。"由知，君子之操，贵在自持也。不为所动，不屈所迫，不改自性，谓之君子！

释义

兰花一向被称为花中的君子。这个称呼最初源于北宋黄庭坚写的《书幽芳亭记》。他在这篇文章中写道："兰花的品格，很像人中的君子，它生长在深山薄丛之中，不因为没有人欣赏而不吐露芬芳，也不因为雪霜的凌厉而枯萎。度过寒冬，来年它依然不改本性。"由此可知，君子的操守，贵在能坚持自己的信念。不因外在的影响而有所改变，不屈服于所遭受的胁迫，不改变自己的本性，这样的人就可以称之为君子了！

最乐藏最苦，最苦寓最乐。

人生际遇，每最乐处藏有最苦，而最苦处又寓有最乐。是以，为人行事，行乐时当思乐中有苦，可免乐极生悲；而吃苦时，当会苦中寻乐，则得苦尽甘来。

人生的际遇，总在最快乐的地方隐藏着最大的苦楚，而最苦楚的地方又寄托着最大的快乐。所以，为人行事，在行乐时应该考虑到乐中有苦，就可避免乐极生悲；而在吃苦时应该学会苦中寻乐，那么终归就会苦尽甘来。

胸有丘壑，气象万千。

世人皆望新年新气象，而实者若心中并无新气象，则外界又何来新气象？人之所求，每只寄希望于外界气象之更新以图得便利，而于内心气象却罕有意识，此非智者也！

然则内心气象何在？其在志气，在胸怀，在智略也！唯内外皆新，则可得益于人也！是谓，胸有丘壑，气象万千！

　　世人都希望新年有新气象，而如果自己的内心并没有新气象，那么外界又怎么可能有新气象呢？人们往往只寄希望于外界新气象的来临，以图得便利，而对于自己内心的气象却很少有人意识到。这样的人是不明智的呀！

　　那么，自己内心的气象又在哪里呢？在志气，在胸怀，在智略！唯有当内心和外界的气象都更新了，人们才能从中受益！所以说，若把握了深远的意境，景象就会宏伟绚丽！

格物致知，
得真学问。

天下之真学问，每非学而得之，而须深入探究事物，方有所得。古典《大学》谓格物致知，真圣贤高论。物之不格，其知也必有限。以此观学问之大小，断无有失。

　　天下真正的学问，往往不是通过学习而得到的，而是必须深入探究事物本质，才能有所收获。《大学》中说通过探究事物原理而获得知识，这才是圣贤的高论。不去探究根源，那么学到的知识也必然有限。以此来考察一个人学问大小，就一定不会失误。

学如不及，犹恐失之。

子曰："学如不及，犹恐失之"，其于求学，迫切如此。又南北朝时颜之推于家训中有云："幼而学者，如日出之光，老而学者，如秉烛夜行，犹贤乎瞑目而无见者也。"其所倡者，学贵年少也。两公所言，于吾似当头一棒。吾于求学，松懈日久，而日逝如飞，老之将至，今扪心自问，宁无惧哉？

孔子说："学习知识就好像总赶不上什么一样，又好像总害怕丢失了什么。"孔子的求学态度竟然是这样的迫切。南北朝时的颜之推在家训中说道："人在幼年时学习知识，就好像太阳刚升起时的光芒，而如果等到年老了再学习，就好像在夜里拿着蜡烛赶路一样吃力，当然即便这样，也总比闭上眼睛什么也看不见的要好得多了。"颜之推所倡导的是：学习知识贵在趁着年轻的时候多加努力。以上两位先贤所说的道理，无异于给我当头一棒。我在学习知识方面已经松懈很久了，而时光飞逝，很快人就要变老了。今天扪心自问，能不感到害怕吗？

人而无愿，不知其可。

有弱小者而成大事，而强大者却未成；有年衰者而就大业，而精壮者却无为；有残疾者而建奇功，而健全者却不可。是何道理？究其根源，大抵一愿之别也。愿由心起，意而坚之，誓而忠之，诚而立之，至于为志。志立而力生，是以弱而变强，衰而化壮，残而复全。人而无愿，不知其可。

释义

弱小的人能成大事，而强大的人却成不了；年老的人能建大业，而年轻的人却无所作为；残疾人能建奇功，而健全人却做不到。这是为什么？究其根源是由于愿望的差别。愿望由心生，用意志使之坚固，用誓言来忠于它，用忠诚来守护它，甚至变成志愿。树立了志愿，人就有了力量，所以由弱变强，由衰变壮，由残复全。人如果没有愿望，不知还能做什么。

遭妒始见能，寡识而大成。

人因遭妒始见能，事因寡识而大成。人不遭妒，不足称能于世，事不寡识，不足惊人！

人因为遭到妒忌才能体现出能耐，事情因为看得懂的人很少而获得成功。人如果不遭到妒忌，就不足以称为有能耐；事如果不是看得懂的人很少，就不足以令人震惊！

见人面色，如己照镜。

见人面色，如见己照镜，则应知平日处世，要少皱眉而多开颜；知己好恶，如探人顾忌，则宜懂平时待人要多勉励而少打击。

见到别人的脸色，就如同自己照了镜子一样。那么就应该知道，平时要少皱眉头而脸上多带微笑。知道自己喜欢和反感什么事情，就如同知道别人所顾忌的话题一样，那么平时就应该多鼓励而少打击别人。

心意二字，万物所在。

天下万物在心，受想行识者，心也；天下万变在意，起心动念者，意也。罗万物于方寸，聚万变于一念，是为心意也！

世间所谓功名、道行、成败得失、命运穷通……皆不假外物，只在这心意二字！悟之则有，不悟则无！

天下万物都在人的心里，感受、思考、行动、认识，都是由心而生。天下万物的变化，都在人的意念里。能够把万物收拢于心，能够把万变聚集于意，这就是心意！

人们常说的功名、道行、成败得失、命运穷通……都不受外物的影响，关键在心意！能够悟透"心意"这两个字，就能拥有！悟不透的，就什么都得不到！

**宁人负我，
我不负人。**

人若负我，乃人之失，我仍是我。我若负人，乃我之失，人仍是人。是故，宁人负我，而我不负人。

别人如果有负于我，那是别人的过失，我还是我。我如果有负于别人，那是我的过失，别人还是别人。所以，宁愿别人有负于我，而我不去有负于别人。

真者不改，心意赤诚！

真善者，不因见世之多有不善，而稍减其善；

真德者，不因见世之多有不德，而稍减其德；

真信者，不因见世之多有不信，而稍减其信；

真义者，不因见世之多有不义，而稍减其义。

真者能不改，盖因其心意清纯而赤诚，故不轻受外物所扰！

释义

真正善良的人，不会因为见到世上有很多不善良的行为，而稍稍减少自己的善良；

真正有德行的人，不会因为见到世上有很多不道德的行为，而稍稍减少自己的德行；

真正讲信用的人，不会因为见到世上有很多不讲信用的行为，而稍稍减少自己的信用；

真正讲义气的人，不会因为见到世上有很多不讲义气的行为，而稍稍减少自己的义气。

他们能够做到不改变，那是因为他们的心意清纯而赤诚，所以不会轻易受到外物的干扰！

**外表易饰，
内心难安。**

事有本末，物有表里。本则难守，末而易就；表则易饰，里则难全。如为人之道，成败不在物议得失，而在内心安然与否。若问心无愧，则纵非议滔滔，仍安之若素。若私心难安，则纵美誉满天，仍是自惭形秽。

事情有其根本和末节，物体有其外表和内在。根本很难守护，而末节却容易依从；外表很容易装饰，而内在却很难周全。就和做人的道理一样，做人的成败不在于众人的议论，而在于内心是否安然。若问心无愧，那么纵然非议滔滔，仍安之若素。若私心难安，那么纵然美誉满天，仍难免自惭形秽。

物换星移，初心莫忘。

人不难处，友不难交，事不难成，业不难就，最难者，在守初心也。每时过境迁，人事更替，今非昔比，则初心难守，抛之九霄，是不知无初始何以成终极也。初心之贵，逾诸珍宝，守之如一，则纵物换星移而不失本真，是人生之大得也。

与人相处不难，与朋友交心不难，做好事情不难，达成功业不难，最难的是守住初心。每当经历时过境迁，人事更替，今非昔比，（有的人）就会对初心漠然置之，将其抛到九霄云外，这是因为不明白没有初始怎有终极的道理。初心的珍贵，贵过珍宝，守之如一，则纵然物换星移仍不失本真，这才是人生最大的收获。

悦人悦己，大道修矣。

天地间自有和气，是万物生机。人心中本有喜悦，乃福气之门。布施者终将自得，悦人者原来自悦。悦人悦己者，其上应天道，下合人心，是大道修矣。

释义

　　天地之间自有一股和气，那是万物的生机。人心之中本有一股喜悦，那是福气之门。帮助别人的人终归将收获幸福；让别人喜悦的人，自己的内心也会喜悦。能够做到悦人悦己的人，顺应了天道，赢得了人心，这就是大的修为。

志向宏远，趣味不俗。

人有志向宏远，则可免趣味流俗。天下低级趣味者，每非出于穷困，而出于鼠目寸光。

一个人如果志向宏大高远，那么就可以避免自己的趣味流于平庸。天底下那些低级趣味的人，往往不是由于穷困，而是因为鼠目寸光。

志大修身，以此自警。

古人修身之道《礼记·曲礼》有云："傲不可长，欲不可从，志不可满，乐不可极。"引以自考。志大尤须修身，大丈夫立天下之志，当时时以此自警，可免堕凡庸。

古人的修身之道《礼记·曲礼》说道："傲慢不可滋任其长，欲望不可肆意放纵，志向不可骄傲自满，享乐不可无度而要有所节制。"我也拿这个标准来衡量自己。越是有远见、有志向，越是要修养身心。大丈夫既然树立了夺取天下的大志向，就应该时时以这四点来警示自己，则可避免落入平凡庸俗的境地。

三不三寿，各得其所。

欲得立足及长久，务知三不：不贪心，不取巧，不抱侥幸。顺之则昌，逆之则亡！

人生长寿有三：仁者寿，善者寿，乐者寿。

要想在社会上立足并能保持长久，务必要知道三个不：不要心怀贪念，不要投机取巧，不要抱有侥幸的心理。顺应这"三不"就兴旺，违背这"三不"就失败！

人要想长寿有三个要诀：仁爱、善良和快乐的人能长寿。

**施恩莫图报，
怀怨别帮人。**

施恩而图报，莫如不施。图报之施，非但无功，甚或损德。帮人却怀怨，莫如不帮。怀怨之帮，非但失诚，尤显薄情。

　　施恩便图回报，不如别施恩。图回报的施恩非但无功德可言，甚至还有损德行。帮助别人却怀着怨气，不如别帮助别人。怀着怨气的帮助，非但缺乏诚意，甚至显得薄情。

逝者如斯，谁为去留？

子在川上曰："逝者如斯夫，不舍昼夜。"吾每读之，无不感叹年华似水，物是人非。人生中，终将一切流逝，又总有流之不去者。流逝者何，不去者何？谁为谁去，谁为谁留，思之不尽，夜不能寐。

孔子在河岸上说："流逝的时光就像那滔滔的河水一样，不论白天黑夜，永不停息地流逝。"每当我读到这句话，总难免感叹年华似水、物是人非。人生之中，终归一切都将流逝，又似乎总有一些东西不会流逝。终将流逝的是什么？总也不会流逝的又是什么？谁为了谁而去，谁又为了谁而留？不断思索这些问题，让我夜不能寐。

可求而不可恃，智者以之为戒。

多有可求而不可恃之者，恃则必败，得又复失。常见者：恃才而易傲，恃宠而易骄，恃成而易懈，恃功而易损，恃明而易暗，恃安而易危。以上诸般，智者当戒。

人们可以有追求但不能有恃无恐，否则就必然失败，得到的也将失去。常见的有：仗恃有才华就容易傲慢，仗恃受宠就容易骄纵，仗恃有成绩就容易懈怠，仗恃有功劳就容易功名受损，仗恃明智就容易被蒙蔽，仗恃安稳就容易发生危险。以上种种，明智的人应当引以为戒。

与其谄媚而有得，莫如清高而有损。

与其谄媚而有得，莫如清高而有损。谄媚虽得，实为失节。清高虽难，实能守正。

与其通过谄媚而得到一些东西，不如保持自己的清高，哪怕因此而有所损失。谄媚虽然会有所收获，但实际上却丢失了气节。尽管保持清高的品格很难，但做到了就坚持住了自己的操守。

莫好为人师，勿责难于人。

人有两好最不可取：一者，好为人师；二者，好责难于人。前者，好为人师则有失于不耻下问，己之提升受限矣。后者，好责难于人则有失于宽以待人，寡随矣。

人的两种倾向最不可取：一个是喜欢做别人的老师；另一个是喜欢责难别人。好为人师就做不到不耻下问，自我提升自然受限。喜欢责难别人就做不到宽以待人，追随的人就会很少。

恻隐之心，厚道本源。

为人厚道，厚莫厚于恻隐。具恻隐故能推己及人，至于立德。《论语》说："己所不欲，勿施于人。"亦由此出。

 释 义

做人要厚道，最厚道的行为莫过于有恻隐之心。有了恻隐之心，才能设身处地为他人着想，从而树立德业。《论语》中提到："自己所不乐意接受的东西，也不要施加给别人。"这个道理也是由这里而来的。

文失于德，不足为观。

古人评人，讲道德文章。德在文前，文居德后。纵才高八斗，若失之于德，便不足挂齿。

古人在评价一个人时，往往以品德和学识来衡量。品德放在学识之前，学识居于品德之后。一个人纵然才华极高，然而在道德上却存在欠缺，这样的人依然不值一提。

沉毅力行，见贤思齐。

曾国藩有云："多躁者必无沉毅之识；多畏者必无卓越之见；多欲者必无慷慨之节；多言者必无质实之心；多勇者必无文学之雅。"吾以此自警，以学先贤。

 释 义

曾国藩有句话说道："性格急躁的人，一定没有沉着坚毅和稳重的见识；胆怯而怕这怕那的人，一定不会有卓越的远见；贪欲过重的人，一定没有慷慨大方的操守；喜欢高谈阔论的人，一定缺少实事求是去实践的精神；过于勇猛莽撞的人，一定缺少文学的风雅。"我常以这些话来警示自己，学习先贤的品德。

治嗔之法，首倡包容。

人生三毒贪嗔痴，其中嗔者，中毒尤深，且不易化解。

贪因爱而生，爱不知足即为贪。人们每于名利上爱不知足，故常犯贪！而嗔不同，因不爱而生，不爱即厌，厌则生烦，烦极则生不满，不满极则生嗔恨矣！

治嗔之法世人多用忍，意在克制自我。窃以为，治嗔如治水，仅堵而不疏，终是有失偏颇！疏之法，首倡拓宽胸怀。如能海纳百川，则不爱亦可容！可容则自无嗔矣！

人生有三毒贪、嗔、痴，其中的嗔，中毒尤其深，而且不容易化解。

贪是因为喜爱而产生，喜爱而不知足就是贪了。人们追逐名利而不知足，所以常常会贪！而嗔的发生缘由与贪不同，嗔是因为不喜爱而生，不喜爱就会讨厌，讨厌就会让人心生烦恼，烦恼到一定程度就会心生不满，心生不满到一定程度就会产生嗔恨了！

改变嗔恨的办法，世人多提倡要忍，意在克制自己。而我以为，治嗔就如同治水一样，仅围堵而不疏通，终归是失之偏颇的！疏通的办法，最重要的是拓宽自己的胸怀。如果能够做到海纳百川，那么对于自己不喜爱的东西也可以包容！能够做到包容，心里自然也就没有嗔恨了！

君子九思，吾有不足。

子曰："君子有九思：视思明，听思聪，色思温，貌思恭，言思忠，事思敬，疑思问，忿思难，见得思义。"吾每以此自考，觉有不足，惭愧难安。人生修炼，当将君子九思奉为圭臬。

孔子说："君子有九种要用心思考的事，看东西时要思考看得是否明白清楚，不被蒙蔽；听别人讲话时，要思考是否听得清楚明白；平时在待人接物时，要思考态度是否温和，不可过于严肃；为人处世要思考是否谦虚、恭敬有礼，不可以骄傲并轻视他人；自己说话时，要思考言语是否诚恳，没有虚假；自己做事时，要思考是否认真负责，不可以懈怠懒惰；自己有疑惑了就要思考如何向别人求教，不可以得过且过，混过日子；自己生气的时候，要思考有可能引发的危难后果，不可以意气用事；自己在见到可以获得的利益时，要思考是否合乎义理。"我以这九条内容来衡量自己的言行，觉得还有不足，为此内心深感惭愧难安。在人生的修炼过程中，应将君子九思奉为准则。

**人生可恃，
唯有一勤。**

人之一生，可恃者甚少。才不足恃，才有尽时；势不足恃，势有失时；气不足恃，气有短时；色不足恃，色有衰时……细数下来，可恃者，唯勤尔。古人云："勤苦俭约，未有不兴。骄奢倦怠，未有不败。"人而立世，当时时以此自警！

人一生中可倚仗的东西很少。才华不足以倚仗，因为难免有江郎才尽的时候；势力不足以倚仗，因为可能有失势的时候；气概不足以倚仗，因为难免有沮丧的时候；容貌不足以倚仗，因为总会有衰老的时候……仔细算下来，人生唯一可倚仗的也就是勤劳了。古人说："勤劳刻苦，俭朴节约的人，日子过得没有不兴旺的，而骄傲奢靡，懒惰怠慢的人，没有不失败的。"一个人要想成功地立身于社会，就应当随时拿这句话来警示自己！

红尘斑斓，素心若雪。

任世界喧嚣，吾一隅独静；任红尘斑斓，吾素心若雪。不受你惑，不屈你威，不用你信，不求你懂。可纵横天下，可归隐竹林，可万千富贵，可两袖清风。夫君子，倘立世如斯，则无憾于人生矣！

任由世界喧嚣，我只在一个角落里安静地独处；任由红尘斑斓，我的心如白雪一般纯洁。不受到迷惑，不屈服于威胁，不用他人信任我，不求他人懂得我。可以纵横天下，可以归隐竹林，可以万千富贵，可以两袖清风。一个君子如果能够这样活在世上，那么（他的）人生就没有什么可遗憾的了！

**但问修身，
莫怨贫穷。**

人生大要非功名，但问修身莫怨贫。

尚慕贤良思与齐，克除陋习扫积尘。

好学不倦致新知，正心诚意泛爱仁。

终归万物化尘土，宇宙同老唯精神。

　　人生中最重要的并非是功名，扪心自问修身做好了没有，而不要去抱怨生活贫困。

　　崇尚贤良人士并向他们学习，克服自己种种不好的习惯，就像扫除堆积的尘埃。

　　热爱学习，孜孜不倦地努力，不断地掌握新知识；端正思想，待人诚心实意，广施爱心，亲近仁人。

　　世上的一切终归都将化作尘土，只有精神能够与宇宙同老。

溯源求清，人如泉乎？

杜甫诗《佳人》有句："在山泉水清，出山泉水浊。"文虽平实，却是警世之语。人亦如泉，一旦涉世，浸淫世俗，初而清，继而染。入世而无染者，莫之觅。泉可溯源而求清，人亦有源可溯乎？

杜甫的诗《佳人》里有个句子，意思是："泉水在山里时是清澈的，从山上流出去就变浑浊了。"这个句子虽然平实，却是一句警醒世人的话。人也像那泉水，一旦在世俗中浸泡，难免会受到影响。人在俗世中而不受影响的，基本找不到。泉水可追溯源头而得清水，人也有源头可以追溯吗？

心正气和，
契于妙境。

唐代大书法家虞世南在《笔髓论·契妙》中有云："欲书之时，当收视反听，绝虑凝神。心正气和，则契于妙。"书道如此，推而广之，用于为人行事，亦何其恰当。收视反听，绝虑凝神，专注也，心正气和即正心诚意，气机和畅也。人能专注，正心，和气，无论为人行事，自趋妙境矣。

释 义

　　唐代大书法家虞世南在《笔髓论·契妙》中说道："要写字的时候，应当聚精会神，端正内心，和顺气息，就会达到妙境。"书法之道是这样，推而广之，用于为人行事，也是恰当的。收视反听，绝虑凝神，这就是专注，心正气和也就意味着正心诚意、气机和畅。一个人如能专注、正心、和气，无论为人还是行事，都会渐入佳境。

**深知事物，
阴阳俱涉。**

子曰："未知生，焉知死。"天下万事万物，俱有阴阳两面，有阴必有阳，有阳必有阴，欲有所知，务必阴阳俱涉，未见仅持之一端而能有深知者也。是故，欲知远，先识近；欲知乐，先识苦；欲知亲，先识疏；欲知忠，先识奸；欲知富，先识穷……万事万物，以此类推。

孔子说道："不知道生，又怎么知道死。"天下万事万物都有阴阳两面，有阴必有阳，有阳必有阴。我们要想了解一个事物，务必阴阳两面都要看到，没有见过仅把握一面而能对事物有深入了解的。所以，想知道远的，先认识近的；想知道快乐，先认识痛苦；想知道亲密，先认识生疏；想知道忠义，先认识奸佞；想知道富贵，先认识贫穷……万事万物，以此类推。

学富五车，不值一文。

陆游诗："古人学问无遗力，少壮工夫老始成。纸上得来终觉浅，绝知此事要躬行。"诚然，天下学问，知之不难，难在躬行。尤其今人于大小学问，每学富五车，却实躬行者少。学问至此，不值一文矣。

陆游写了这样一首诗："古人学问无遗力，少壮工夫老始成。纸上得来终觉浅，绝知此事要躬行。"诚然，天下的学问，知道它不难，难在知道之后能身体力行去加以实践。尤其是当今的人们，在学问上往往学富五车，而能身体力行的却很少。如果做学问到了这种地步，可谓是不值一文了。

学易三点，学以致用。

时人论及传统文化，每难绕开《周易》，而学《周易》何以学以致用？窃以为其要者有三：

一者，学易理以知辩证思维；二者，用易理以察事物变化；三者，凭易理以可应变得宜。倘失此三点，则纵熟通《周易》，仍一无用处。

时下的人们谈论到传统文化总是难以绕开《周易》，而学习《周易》怎样才能做到学以致用呢？我认为有三个要领：

第一，学习易理以便掌握辩证思维；第二，使用易理来洞察事物的变化；第三，凭着易理可以做到应变得宜。如果做不到这三点，那么纵使熟读《周易》，仍然无一用处。

道以人异，
看其悟性。

《道德经》有云："上士闻道，勤而行之；中士闻道，若存若亡；下士闻道，大笑之。"可见，人之悟性何其重要。学者，不贵于知之多寡，而贵于领悟深浅。如有名剑于此，有使之以砍柴，有使之以威天下，两者差别在于人，而非剑也。

　　《道德经》中说："高智慧的人听了道，努力去实践；中等智慧的人听了道，将信将疑；没什么智慧的人听了道，哈哈大笑。"由此可见，人的悟性何其重要。学问修养，关键不在学习知识的多少，而在于领悟的深浅程度。这就好比有一把名剑在手，有的人拿去砍柴，而有的人却能借之威服天下。两者之间的差别在于人，而不是剑。

治学之道，三心一意。

治学之道，千般法理，以吾观之宜首倡用心之纯。

天下治学者，每怀目的，不名则利，不利则功，是用心不纯也，心不纯则必学也失真，故所得有限矣！

欲得真学问，务必先去三心，独留一意。所谓去三心，一去成名之心；二去获利之心；三去立功之心。所谓独留一意，唯一心一意专注于学问也。如此治学，则学问自能超凡脱俗矣。

治学有千万种方法和道理，依我看，首先应该提倡做学问时要用心纯粹。

天底下做学问的人，通常都怀有目的，不是为名就是为利，不是为利就是为功。这是用心不纯呀，用心不纯那么必然学问也将失真，从而所得就有限了！

要想得到真学问，务必先放弃三种想法，独留一种意念。所谓放弃三种想法，是指在做学问时，第一要放弃企图成名的心；第二要放弃企图获利的心；第三要放弃企图立功的心。所谓独留一种意念，就是只一心一意专注在学问上。这样治学，那么自己的学问自然就能够超凡脱俗了。

天下至乐，读书之乐。

世间万千之乐，皆不如读书之乐。吾自幼即爱读书，至今书性未改。

书愈读愈知己之肤浅，语愈发愈觉己之浮华。故常自省：书宜多读，语勿轻发。唯愿夜深人静时，可独守一隅，手捧一书，心驰物外，神游书海……斯时之乐也，于吾可谓极致矣！

释义

世间万千种的快乐都不如读书带给人的快乐。我自幼年起就喜欢读书，至今这个爱好没有改变。

越读书就越知道自己的肤浅，越说话就越发觉自己的浮华。所以常自我反省：应该要多读书，而不要轻易说话。只希望每当夜深人静时，可以一个人躲到一个角落里，手里捧着一本书，心灵游离于物质之外，神思在书海里畅游……这个时候的快乐，对于我而言可以说是达到极致了！

**仁者长寿，
气质量言。**

世人多欲长寿者，为长寿，求神拜佛者有之，寻医问药者有之，保健养生者尤有之。殊不知，长寿之道，孔子早已传下秘诀，谓之仁者寿。

仁者寿，历来注解颇丰，以清朝方苞之见解最为上乘，曰："气之温和者寿，质之慈良者寿，量之宽宏者寿，言之简默者寿，故仁者寿。"

方苞由气、质、量、言四端详解仁者寿，归纳精准，十分高明。

世人没有不想长寿的，为了长寿，有人求神拜佛，有人寻医问药，更有人保健养生。殊不知，长寿之道，孔子早已经留下了秘诀，那就是仁者寿。

关于仁者寿，历来注解颇为丰富，其中以清朝学者方苞的见解境界最高。方苞这样注解："待人温和的人能长寿，内心仁慈善良的人能长寿，心胸开阔、气量大的人能长寿，平时说话精炼的人能长寿，所以仁者寿。"

方苞先生从气、质、量、言四个主要方面入手，对仁者寿做了详细的注解，他归纳精准，十分高明。